FACULTÉ DE DROIT DE PARIS

DE
L'HYPOTHÈQUE LÉGALE DE LA FEMME
SUR LES IMMEUBLES
DE LA COMMUNAUTÉ

THÈSE POUR LE DOCTORAT

PAR

B. FAUVEL

AVOCAT A LA COUR D'APPEL

PARIS

LIBRAIRIE NOUVELLE DE DROIT ET DE JURISPRUDENCE

ARTHUR ROUSSEAU, ÉDITEUR

14, RUE SOUFFLOT, ET RUE TOULLIER, 13

1896

THÈSE

POUR LE DOCTORAT

La Faculté n'entend donner aucune approbation ni improbation aux opinions émises dans les thèses; ces opinions doivent être considérées comme propres à leurs auteurs.

FACULTÉ DE DROIT DE PARIS

DE
L'HYPOTHÈQUE LÉGALE DE LA FEMME

SUR LES IMMEUBLES

DE LA COMMUNAUTÉ

THÈSE POUR LE DOCTORAT

L'ACTE PUBLIC SUR LES MATIÈRES CI-APRÈS
Sera soutenu le jeudi 21 mai 1896, à 1 heure

PAR

B. FAUVEL

Président: M. BOISTEL.
Suffragants : MM. BUFNOIR, MASSIGLI, *professeurs*.

PARIS
LIBRAIRIE NOUVELLE DE DROIT ET DE JURISPRUDENCE
ARTHUR ROUSSEAU, ÉDITEUR
14, RUE SOUFFLOT, ET RUE TOULLIER, 13

1896

A LA MÉMOIRE DE MON PÈRE

A MA MÈRE

A MA FAMILLE

A MES AMIS

INTRODUCTION

C'est seulement au Bas-Empire que la femme obtint sur les biens de son mari une hypothèque garantissant le montant de sa dot et de ses droits. Dans l'ancien droit romain, le besoin de garanties ne se faisait point sentir puisque la dot était versée au mari à perpétuité ; elle devait rester à celui-ci ou à ses héritiers, de quelque façon que s'opérât la dissolution du mariage. Et cette législation ne présentait point d'inconvénients ; la femme, en effet, venait-elle à prédécéder? les enfants, s'il y en avait, restaient à la charge de leur père ; le mariage se dissolvait-il par la mort du mari ? Si ce mariage avait eu lieu *cum manu*, la femme était devenue héritière sienne dans sa nouvelle famille, elle était *loco filiae* ; sinon, l'usage probable imposait au mari l'obligation de lui faire un legs.

Du jour où les mœurs romaines devinrent moins austères et moins respectées, où la pratique du divorce vint rompre le mariage demeuré en fait si longtemps indissoluble, il fallut assurer à la femme la restitution de ses biens. Cette nécessité devint d'autant plus pressante que dans les derniers temps de la République, l'État se vit menacé de manquer de citoyens, tant l'égoïsme et la corruption avaient jeté de défaveur sur le mariage. On dut faciliter aux femmes répudiées une seconde union, et la dot était devenue une condition indispensable pour toute femme voulant contracter mariage : *Reipublicae interest doles mulierum salvas esse, propter quas nubere possint.* On en vint donc à prescrire l'inaliénabilité du fonds dotal, et à garantir par des mesures diverses la restitution de ses biens. Justinien exagéra même les sûretés qu'il accorda à la femme en lui conférant une hypothèque privilégiée qui lui donnait un rang préférable aux hypothèques antérieurement acquises sur les biens du mari au mépris des contrats qui avaient été régulièrement passés, et qui devaient dans tous les cas être respectés.

Notre ancienne jurisprudence française ne commit pas la même faute ; elle admit une hypothèque *taisible* sur les biens du mari, mais cette hypothèque ne primait pas les hypothèques constituées antérieurement à sa naissance.

Dans le cas où les futurs époux avaient fait un contrat notarié, la situation de la femme n'avait rien d'anormal ; celle-ci ne jouissait d'aucune faveur spéciale, l'hypothèque résultant *ipso jure* d'un acte notarié au profit du créancier. S'il n'avait point été fait de contrat, la femme bénéficiait alors d'une garantie qui lui était conférée par la loi seule, et exorbitante du droit commun. Son hypothèque différait de celle résultant d'un contrat notarié, en ce que cette dernière remontait de plein droit au jour du contrat, tandis que l'hypothèque tacite datait de la célébration du mariage.

Notre Code civil, lui aussi, confère une hypothèque légale aux femmes mariées sur les immeubles de leurs maris, et cette hypothèque résulte du seul fait du mariage. Elle ne date point du contrat, qui, comme tout autre acte notarié, ne peut conférer hypothèque sans stipulation expresse, mais seulement du jour du mariage.

Nous avons l'intention dans cette étude d'examiner quel est l'effet de la garantie réelle de la femme, non pas sur tous les immeubles du mari, mais seulement sur les immeubles qui sont acquis pendant l'indivision résultant du mariage.

Le législateur, dans l'intérêt même de l'association d'intérêts existant entre les époux et formant la suite presque nécessaire de la vie commune, a donné au mari des pouvoirs importants sur les biens meubles et immeubles qui viennent à dépendre de la communauté d'entre les époux. D'autre part, il a voulu contrebalancer au profit de la femme, les droits étendus d'administration et de disposition qu'il accordait au mari sur des biens acquis souvent grâce à la collaboration et aux économies de son épouse, et en vue d'assurer à celle-ci la reprise et la restitution de ses biens personnels dont la gestion appartient au chef du ménage, il lui a donné une hypothèque générale, dispensée d'inscription, et à laquelle elle ne saurait renoncer sans l'accomplissement de formalités précises, nombreuses et délicates.

La conciliation des pouvoirs étendus conférés au mari sur les immeubles conquêts, et dela garantie accordée à la femme sur ces mêmes biens donne lieu à des difficultés que les Romains n'ont point connues,et que l'ancien droit français a devinées quand la femme fut intéressée à l'acquisition et au partage de ces conquêts.

Nous aurons à examiner si la femme possède réellement une hypothèque légale sur les immeubles communs ; si la communauté ne forme point un être distinct des époux, ce qui résoudrait la question ; et si cette hypothèque n'est point inconciliable avec les droits étendus accordés au mari par notre législateur sur les immeubles qui en font partie : ce sera l'objet de notre premier chapitre.

Puis, nous devrons rechercher quels sont les effets que l'on doit reconnaître à l'hypothèque sur les conquêts. L'exercice des droits de la femme pendant le mariage ne constitue-t-il point un obstacle à l'administration et à la faculté de disposition du mari, seigneur et maître de la communauté ? Et après la dissolution de l'association conjugale, la faculté d'accepter ou de répudier la communauté n'a-t-elle point quelque influence sur la manière dont la femme peut user de son droit ? D'autre part, les restrictions apportées dans le contrat de mariage à la capacité de la femme ne rejailliraient-elles point sur l'étendue de son hypothèque légale ? Telles seront les matières du second chapitre.

Enfin, dans un troisième chapitre, nous étudierons

quelles sont les entraves apportées par la loi dans certains cas particuliers à l'exercice du droit d'hypothèque légale de la femme sur les conquêts.

Dans tout notre travail, nous devrons nous enquérir de l'état de la jurisprudence sur les diverses questions qui seront soulevées, et rechercher si les tribunaux font une juste application des principes combinés de notre législation hypothécaire, et des obligations et des droits de la femme mariée.

CHAPITRE PREMIER

L'HYPOTHÈQUE LÉGALE DE LA FEMME GRÈVE LES IMMEUBLES DE LA COMMUNAUTÉ.

L'article 2121 du Code civil dispose que : « les droits et créances auxquels l'hypothèque légale est attribuée, sont, ceux des femmes mariées *sur les biens de leur mari*...»; d'autre part, l'article 2135 édicte que « l'hypothèque existe, indépendamment de toute inscription, 1° au profit des mineurs... 2° au profit des femmes pour raison de leurs dot et conventions matrimoniales, *sur les immeubles de leur mari*, et à compter du jour du mariage, etc... »

Tels sont les deux textes principaux qui fixent l'étendue de la garantie réelle accordée à l'épouse pour avoir paiement des droits, créances et reprises qu'elle pourra avoir à exercer contre son mari. Ils sont bien nets et leur interprétation ne saurait présenter aucune difficulté si le régime adopté est de ceux où les biens appartenant à chacun des époux sont limitativement déterminés ; s'il ne doit jamais y avoir entre eux d'indivision ; si, en un mot, le régime établi, lors de leur union, est celui de la séparation de biens, le régime dotal sans adjonction de société d'acquêts, ou le régime exclusif de communauté (art. 1530 et suivants).

En effet, sous le premier de ces régimes, les immeubles apportés en mariage restent propres à chacun des époux, de même que ceux advenus à titre gratuit pendant la durée de l'association conjugale ; quant aux immeubles acquis à titre onéreux, ils doivent être présumés la propriété de celui des époux au nom duquel se trouvera le titre d'achat. Sous le régime dotal, comme sous le régime exclusif de communauté, la femme ne possède que les immeubles lui appartenant à l'époque de son union et ceux qui lui échoient à titre gratuit ; tous ceux acquis pendant le mariage appartiennent au mari. Celui-ci, administrateur de la fortune de l'épouse, ne lui doit compte que des biens formant fonds et capitaux : toutes les économies réalisées pendant la vie commune lui appartiennent exclusivement.

Sous ces divers régimes, il sera donc toujours facile de savoir quels sont les immeubles grevés de l'hypothèque légale de la femme ; mais on les adopte rarement dans la pratique. Le plus généralement, l'union d'intérêts qu'engendre nécessairement l'union des existences fait qu'indépendamment de leurs patrimoines propres, les conjoints possèdent un patrimoine commun. Les économies réalisées au cours du mariage ne seront plus la propriété d'un seul, mais pourront faire, à un moment donné, l'objet d'un partage entre le mari et la femme. Il en sera ainsi sous le régime de la communauté tel qu'il est établi par notre Code civil ou modifié par les conventions des parties, et sous tout autre régime auquel aura été adjointe une société d'acquêts. Dans ces hypothèses qui se présentent, nous l'avons déjà dit, le plus fréquemment, l'hypothèque légale de la femme grèvera-t-elle les immeubles achetés pendant le mariage et tombés dans le patrimoine commun ?

Les textes que nous avons rapportés ne parlent que « des immeubles du mari », et d'éminents jurisconsultes se sont demandé si notre législation n'avait pas voulu limiter aux seuls immeubles appartenant en propre au mari, et faisant partie de sa fortune patrimoniale, la garantie réelle accordée à la femme.

Examinons quels arguments on donne à l'appui du système qui dénie à la femme son droit d'hypothèque sur les conquêts :

Sur l'immeuble acquis pendant le mariage, comme sur les meubles d'ailleurs, le Code civil donne au mari les pouvoirs les plus étendus. « Le mari administre seul les biens de la communauté. Il peut les vendre, aliéner et hypothéquer sans le concours de la femme », ainsi s'exprime l'article 1421. Son pouvoir ne saurait être entravé même par la menace de l'hypothèque légale de la femme. La loi fixe une limite à ce pouvoir, celle de l'article 1422 qui lui interdit les aliénations d'immeubles à titre gratuit, il ne saurait y en avoir d'autres à son droit de disposition sur les immeubles. Accorder à la femme une hypothèque serait en créer une, puisqu'il faudrait obtenir la renonciation à cette hypothèque ; les tiers en effet ne voudraient point traiter avec le mari sans le concours de la femme. *Le seigneur et maître* de la communauté ne serait plus qu'un simple détenteur des biens en faisant partie, si son droit de disposition dépendait du caprice de sa femme (1).

L'article 1507 du Code civil transporte à la communauté la propriété de l'immeuble ameubli par la femme : « l'effet de l'ameublissement déterminé est de rendre l'immeuble ou les immeubles qui en sont frappés, biens de la communauté comme les meubles mêmes », et le même article ajoute : « lorsque l'immeuble ou les immeubles de la femme sont ameublis en totalité, le mari en peut disposer comme des autres effets de la communauté, et les aliéner en totalité » ; et, plus loin, en ce qui concerne l'immeuble ameubli pour une certaine somme, il décide que le mari « peut l'hypothéquer sans le consentement de sa femme jusqu'à concurrence seulement de la portion ameublie ». Or, dit-on, si l'ameublissement déterminé constitue un transfert à la communauté de la *pleine propriété* de l'immeuble aliéné, en cas d'ameublissement par la femme, ce transfert ne serait plus vrai, si celle-ci conservait toujours une hypothèque sur l'immeuble ameubli ; d'autre part, supposé qu'un immeuble fût ameubli par elle jusqu'à concurrence de 20,000 francs, le mari, suivant notre arti-

(1) Persil, *Régime hypothécaire*, I, 4e éd., p. 342.

cle, devrait pouvoir l'hypothéquer à la sûreté d'une dette de pareille somme ; cependant cela ne serait pas toujours possible, la femme ayant une hypothèque légale sur cet immeuble, hypothèque qui primerait nécessairement le créancier acceptant une garantie pour sûreté de pareille somme, supposé qu'elle eût apporté par exemple une dot de 20.000 francs en espèces (1).

De plus, dit-on, si la femme vendait conjointement avec son mari un immeuble de communauté, on ne pourrait prétendre qu'elle a conservé une hypothèque sur ce bien, il devrait être de même quand le mari seul a paru à l'acte, le mari qui traite pour les affaires de la communauté est censé traiter tant pour sa femme que pour lui-même ; il en serait, pour ainsi dire, le mandataire désigné de plein droit par la loi.

Enfin, la communauté est un *être moral*, un être qui tient le milieu entre le mari et la femme ; il y a une distinction entre le patrimoine de cet être moral et celui du mari, accorder à la femme son hypothèque sur le premier de ces patrimoines, parce que la loi la lui donne sur le second, c'est créer un privilège qu'aucun texte n'autorise (2).

Répondons d'abord à l'objection tirée de l'article 1507 :

De ce que l'on transfère la pleine propriété d'un bien, il ne s'ensuit pas que l'on ne puisse se réserver quelques droits sur ce même bien. La femme en ameublis-

(1) Persil, *loc. cit.*
(2) Cubain, *Des droits des femmes*, n° 528.

sant son immeuble n'est-elle pas libre de dire : « Je veux que mon immeuble appartienne en totalité à la communauté, mais j'entends que comme les immeubles de mon mari, il demeure ma garantie hypothécaire, et qu'il m'assure pour plus tard le paiement des sommes dont l'administration à lui confiée par la loi l'aura constitué comptable envers moi ». De même que le propriétaire qui aliène son immeuble au profit de son débiteur est bien libre de mettre comme condition à la vente que le bien demeurera affecté et hypothéqué à la sûreté de sa créance, de même la loi, prenant l'intérêt de la femme, décide que l'immeuble ainsi ameubli restera sa garantie réelle pour sûreté de ses créances éventuelles contre son mari. Et la propriété n'en est pas moins transmise à la communauté.

L'existence de l'hypothèque légale sur les conquêts sera, il faut en convenir, une gêne considérable pour le mari qui voudra user des droits à lui conférés par l'article 1421 et suivants. Mais de ce que l'esprit de notre Code est de donner au mari des pouvoirs étendus sur les biens de la communauté, pouvons-nous croire qu'il ait entendu les lui accorder plus étendus que sur ses immeubles propres ? Ceux-ci cependant, nul ne pourrait le contester, sont bien grevés du droit hypothécaire de l'épouse.

En ce qui concerne l'objection tirée du mandat tacite donné par la femme commune à son mari, nous aurons à examiner dans le prochain chapitre s'il est bien possible de supposer un pareil mandat. Signalons seulement ici que ce mandat paraît impossible dans le cas où la femme est mariée sous le régime dotal. Et cependant dans le système que nous cherchons à réfuter, on ne fait pas de distinction : l'immeuble faisant partie de la société d'acquêts ne saurait être grevé du droit de la femme à l'encontre des tiers, le mari étant censé le mandataire de sa femme quand il traite avec eux.

L'objection la plus sérieuse serait celle des auteurs prétendant que la communauté ou la société d'acquêts constituant un être moral distinct du patrimoine particulier de chacun des époux, accorder à la femme une hypothèque légale sur les immeubles qui en font partie, c'est étendre gratuitement la portée de l'article 2121, c'est accorder sans texte, un véritable privilège à la femme.

Cette théorie de la personnalité civile de la communauté a été soutenue par des jurisconsultes éminents ; nous devons en parler avec quelque étendue. Si en effet elle était vraie, notre question se trouverait résolue. La femme n'aurait point d'hypothèque légale sur les immeubles en faisant partie : l'acquéreur du conquêt n'aurait point besoin de lui demander son concours à l'acte de vente, ni de remplir les formalités de purge légale : la seule signature du mari lui suffirait pour être à l'abri de toute éviction. De même les créanciers du mari pourraient accepter toute constitution d'hypothèque sur les immeubles de communauté sans craindre le concours de la femme lors de la distribution du prix.

Le Code civil, il faut l'avouer, emploie des termes qui souvent laisseraient croire à l'existence d'un patrimoine distinct de celui du mari et de celui de la femme.

C'est ainsi que l'article 1401 dispose que : *la communauté se compose activement*, du mobilier des époux, etc.

Dans l'article 1508, le législateur, parlant de l'ameublissement, s'exprime en ces termes : « l'ameublissement indéterminé ne rend point la *communauté propriétaire* des immeubles qui en sont frappés... ».

Dans l'article 1410, la communauté est envisagée comme une tierce personne non tenue des engagements contractés par la femme avant son mariage, si ces engagements n'ont pas date certaine.

L'article 1478, où il est question des dettes personnelles des époux, l'un contre l'autre, semble également fortifier cette théorie quand il dit que l'époux créancier « exerce sa créance sur la part qui est échue à celui-ci (au débiteur) dans la communauté ou sur ses biens personnels ; il semblerait d'après ce texte que les biens provenant à l'époux débiteur de la communauté faisaient antérieurement partie d'un patrimoine distinct.

On pourrait multiplier les citations tirées du Code qui tendraient à établir le système de la personnalité de la communauté et qui ont fait croire à d'excellents auteurs que la communauté constituait un être moral.

« Tous ces exemples, dit M. Troplong (1), prouvent

(1) *Du contrat de mariage*, t. 1, n° 321, p. 373, 2e édition.

évidemment qu'on ne saurait, sans erreur, écarter de la communauté la présence de cet être métaphysique distinct qui apparaît dans les sociétés ordinaires. Vainement dit-on que la communauté se personnifie dans le mari seul ; que tant qu'elle existe, il n'y a pas de tierce personne, puisqu'elle se résume dans l'une des deux personnes qui la composent ; qu'en un mot, la communauté s'absorbe dans le mari. Je réponds que, s'il est vrai que le mari soit toujours le représentant, l'élément actif de la communauté, il n'est pas vrai qu'il soit la communauté même, puisqu'il a des droits distincts d'elle, puisqu'il peut être son créancier, ou son débiteur ».

Et M. Troplong termine ainsi sa discussion :

« Toutes les fois qu'il faudra distinguer le mari de la communauté, nous considérerons la communauté comme un être métaphysique qui viendra se signaler pour mieux mettre en évidence des droits et des intérêts qu'il est important de ne pas confondre ».

M. Duranton s'exprime dans des termes analogues :

« Si le mari n'est pas réellement propriétaire absolu des biens de la communauté pendant le mariage, comme la femme ne l'est pas non plus, il faut bien de toute nécessité qu'il y ait un intérêt intermédiaire, or, cet intérêt intermédiaire, c'est la communauté », et plus loin : « Oui, il y a entre le mari et la femme un être moral, quoi qu'en dise M. Toullier ; cet être moral a des intérêts séparés de ceux de chacun des époux, et ce n'est pas le mari qui est usufruitier des biens de la femme, car alors il serait aussi usufruitier des siens, ce qui choquerait avec raison M. Toullier : c'est la communauté (1) ».

« Lorsque le mariage, déclare Proudhon, est contracté conformément au régime communal, il se forme entre l'homme et la femme une association d'intérêts dans laquelle chacun d'eux comprend etc.... Cet être moral que nous appelons communauté, a ses droits distincts et séparés de chacun des époux, puisque les immeubles propres de ceux-ci ne lui appartiennent pas et que les biens qui lui appartiennent ne sont point ceux des époux en particulier (2).

Et la jurisprudence nous présente quelques arrêts qui tendraient à sanctionner cette théorie. Dans une affaire Lordon, la Cour de cassation a décidé, par arrêt du 24 janvier 1837, qu'un créancier personnel de la femme ne pouvait, après le décès du mari, saisir-arrêter une créance dépendant de la communauté pour la part qu'y avait la débitrice à sa dissolution. Elle statuait que le créancier ne pouvait avoir de droits qu'autant que les dettes de la communauté auraient été liquidées et qu'après cette liquidation elle serait entrée pour tout ou moitié dans le lot de la femme. Or, dans l'espèce proposée, un partage avait établi que les créances de la communauté absorbaient l'actif, et qu'il ne revenait rien à la veuve : le créancier saisissant fut par suite entièrement repoussé de sa demande (3).

(1) Duranton, *Cours de Droit français*, t. 14 (4ᵉ éd.), p. 102.
(2) Proudhon, *Traité des droits d'usufruit*, I, n. 279.
(3) Sirey, 1837. 1. 106, cité par Troplong, I, n. 320, *loc. cit.*

En présence des arguments que nous avons rapportés, des autorités considérables qui les avaient formulés, enfin de la sanction que la Cour suprême paraissait leur avoir donnée, on pouvait hésiter, et reconnaître à la communauté et à la société d'acquêts existant entre les époux une personnalité civile ; à penser que bien que le mot ne fût pas dans nos lois, la chose y était, ce qui vaut mieux ; à conclure par suite que les immeubles conquêts, faisant partie d'un patrimoine distinct de celui du mari, étaient affranchis de l'hypothèque légale de la femme ; que ces mêmes biens ne commençaient à en être frappés que seulement à l'époque où ils devenaient bien du mari, c'est-à-dire après la dissolution de la communauté et à la suite d'un partage ou de la renonciation de la femme, avec date du jour de la dissolution. Les conséquences du système de la personnalité civile de la communauté nous obligent à réfuter le principe avec quelques détails, d'autant plus qu'une jurisprudence toute récente est assez portée à reconnaître la personnalité morale aux sociétés civiles, et que de savants auteurs (1) se demandent si cette tendance, qui s'accentue de plus en plus, n'aura pas pour effet de faire accorder à la communauté et à la société d'acquêts existant entre les époux, une existence distincte que leur refusent l'immense majorité des auteurs modernes et la jurisprudence actuelle.

(1) Baudry-Lacantinerie et de Loynes, *Nantissement, privilèges et hypothèques*, 1896, t. II, p. 104, note 2. — *Adde*, Laurent, t. 21, n° 197.

Et en effet, un arrêt rendu par la Cour de cassation, le 23 février 1891, décide qu'une société civile, aussi bien qu'une société commerciale, constitue une personne morale distincte des associés, et est, à l'exclusion de ceux-ci, propriétaire du fonds social (1).

La personnalité apparaissait dans l'esprit de nos Codes comme une faveur exceptionnelle, non comme le droit commun des collectivités de biens. Depuis longtemps, elle est accordée aux sociétés commerciales par une jurisprudence constante et par l'unanimité des auteurs, mais c'est grâce à une longue pratique, datant du moyen âge, et tellement entrée dans nos mœurs que le Code de commerce la sous-entend dans toutes ses dispositions. Il n'en est pas de même des sociétés civiles. Nos anciens auteurs la leur déniaient formellement. Ferrière nous déclare qu' « on a toujours tenu pour maxime indubitable que personne ne peut établir aucune congrégation, corps, collège, communauté, soit pour la religion, soit pour la police, sans permission du prince. On ne peut donc pas s'assembler pour faire corps de communauté, *sans congé et lettres du roi* (2) ». Pothier, au n° 2 de son *Traité du contrat de société*, nous explique quelles différences il existe entre la société et la communauté : la première, dit-il, provient d'un contrat, la seconde d'un quasi-contrat ; il ne les confond donc pas l'une et l'autre, et s'il accorde la personnalité morale à

(1) Sirey, 1892, 1, 73, et note de M. Meynial. — Cons. Thiry, *Revue critique*, t. 5, 1854, p. 412.

(2) *Dictionnaire de Droit et de Pratique*, V° *Communauté*.

la première, quand elle a une cause commerciale, ou quand l'autorité du prince la lui a accordée, il la dénie toujours et formellement à la seconde. En principe, pour lui, « quand des associés mettent une chose en société, cette chose devient *commune* ». Et plus loin, Pothier parlant des effets du partage entre associés, déclare que chaque attributaire est censé propriétaire des objets mis à son lot dès le moment où l'association en a été propriétaire. C'est bien là le caractère de l'indivision conventionnelle (1).

Notre ancien droit, héritier sur ce point du droit romain, ne reconnaissait donc pas la personnalité morale aux sociétés civiles, mais notre droit moderne n'aurait-il pas modifié le système de nos anciennes coutumes ? N'aurait-il point accordé, en principe, à toutes les sociétés, ce qu'au contraire notre ancienne législation ne leur concédait que par exception ?

S'il en était ainsi, on trouverait un texte formel dans nos Codes sanctionnant ce changement de principes. Et, supposé qu'il n'y eût point de texte précis, il est infiniment probable que les travaux préparatoires auraient conservé quelque trace des discussions, qui n'auraient point manqué de se produire, à l'occasion d'une modification aussi fondamentale dans la législation de nos sociétés.

On objecte, il est vrai, que la rédaction de nos textes

(1) *Du contrat de société*, n° 179.

suppose l'existence de la personnalité morale. « Chaque société, dit l'article 1845, est débiteur *envers la société...*»; de même : « l'associé qui devait *apporter une somme dans la société....*», dit l'article 1846, paraissant ainsi établir une distinction complète entre l'associé et l'être moral. Cet argument perd sa valeur, si l'on considère que nos textes sont calqués sur l'œuvre de Pothier, et que Pothier était l'adversaire résolu de la personnalité morale des sociétés. MM. Aubry et Rau, après avoir expliqué que le mot société est ici employé comme synonyme de *masse commune* et *intérêts communs*, invoquent les articles 1862 et 1863 qui accordent une action directe au créancier contre l'associé pour sa part dans la dette, pour réfuter cet argument de texte.

Les auteurs modernes se prononcent d'ailleurs en ce sens (1).

Il y a lieu de croire que légalement, au point de vue des vrais principes, la personnalité morale n'existe pas pour les sociétés civiles ; la jurisprudence et les auteurs qui la leur reconnaissent sont poussés par des considérations pratiques très pressantes, et par le désir de faciliter les transactions plutôt que par des motifs vraiment juridiques. M. Meynial, dans une note rapportée sous l'arrêt que nous avons cité (Sirey, 1892, 1, 73), paraît l'avoir établi avec beaucoup de force. Le législateur

(1) Boistel, *Précis*, n° 123.— Lyon-Caen et Renault, *Précis de droit commercial*, I, n° 290. — Baudry-Lacantinerie, *Précis de droit civil*, t. 3, n° 760. — Guillouard. *Traité du contrat de société*, p. 30, n°s 23 et s.

aura probablement à reconnaître cette nécessité et à sanctionner par une disposition spéciale le principe de la personnalité civile de toutes les sociétés; jusque-là il ne faut accorder cette faveur qu'aux seules sociétés commerciales, et aux sociétés qui en ont été spécialement gratifiées par un acte de l'autorité publique.

Dans tous les cas, il est infiniment probable que sa décision ne s'appliquera pas à la communauté ou à la société d'acquêts existant entre époux.

L'argument tiré des expressions employées dans divers articles de notre Code civil et rapporté plus haut (p. 14) n'est pas plus concluant que l'argument tiré des articles 1845 et suivants en faveur de la personnalité morale des sociétés civiles. Quand notre législateur parle de communauté il veut dire *biens indivis entre les époux*, *biens communs des époux*.

Reconnaître cette personnalité serait, dans une certaine mesure, modifier notre régime matrimonial de droit commun. Ainsi, d'après l'article 1422, le mari ne peut, sauf pour l'établissement d'enfants communs, aliéner à titre gratuit les immeubles de communauté. Or, il est admis aujourd'hui presque universellement que cette aliénation est possible avec le concours de la femme. Cette solution qui, pour diverses raisons, avait été combattue, ne paraît plus faire de doute maintenant pour la majorité des auteurs. La prohibition de l'article 1422 a été édictée dans un but de protection de la femme, et pour empêcher le mari de faire trop facilement des libéralités aux dépens de biens qui souvent représentent des économies provenant aussi bien du travail de sa femme que du sien. Si le système de la personnalité était exact, la femme ne pourrait plus donner conjointement avec son mari, des immeubles sur lesquels elle ne posséderait, non seulement aucun droit d'administration et de disposition, mais même de copropriété indivise.

Les sociétés commerciales et civiles sont créées dans un but spécial, le plus souvent de gains à réaliser ou de pertes à éviter. La communauté n'est qu'un accessoire presque obligé de la vie conjugale. Nous l'avons dit : le mariage créant la vie commune entre deux êtres, crée en même temps une communauté d'intérêts ; il y a là une indivision forcée pour une partie de leurs biens, et au mari, protecteur naturel de l'épouse, est donnée la mission de veiller sur les intérêts communs.

De là à conclure à une assimilation à une société dont le mari serait le gérant, il y a loin.

Remarquons que les créanciers de la femme antérieurs au mariage, et munis d'un titre ayant date certaine (art. 1410), ont action sur les biens tombés de son chef dans la communauté. Si ces biens étaient devenus la propriété d'un être distinct des époux, leur aliénation empêcherait le recours de ces créanciers ; à moins de soutenir que l'article 1410 crée un droit de suite spécial à leur profit, il faut dire que les biens tombés dans la communauté ne cessent pas d'appartenir à la femme, au moins pour partie.

De cette longue discussion, nous devons conclure qu'il n'y a pas lieu de reconnaître la personnalité morale à la communauté ou à la société d'acquêts existant entre les époux. Les biens qui en font partie sont indivis entre eux ; dans leur intérêt, et pour la prospérité du ménage, la loi a agi sagement en en confiant l'administration au mari. Du principe que les immeubles en dépendant appartiennent à ce dernier par indivis avec la femme, découle naturellement cette conséquence que l'hypothèque légale les grève par application de l'article 2121.

M. Valette ne dénie point en principe le droit d'hypothèque de la femme sur les conquêts (1) ; mais il prétend qu'elle ne doit point porter atteinte aux droits conférés sur ces biens par le mari à des tiers. D'après lui « il faut dire que l'hypothèque légale des conquêts de communauté est radicalement incompatible avec les pouvoirs que le mari exerce, et avec le libre usage du crédit dont il doit jouir pour la bonne administration des biens communs (2) ». C'est au fond la reproduction de l'argument opposé par M. Persil (3), avec cette différence que ce dernier s'en sert pour refuser de plein droit et *à priori* pour la femme une hypothèque sur les conquêts. Le résultat est le même ; qu'importe en effet à la femme d'a-

(1) *Privilège et hypothèque*, t.1, p. 252.
(2) *Loc. cit.*, p. 258.
(3) Voir p. 9.

voir une hypothèque sur des immeubles, si elle est seule créancière? Ainsi, d'après M. Valette, elle pourrait exercer ses créances sur les meubles et immeubles de la communauté ou de la société d'acquêts, en cas d'acceptation en vertu de l'article 1470 et suivants, en cas de renonciation en vertu de l'article 1492, mais dans tous les cas, elle devrait respecter les aliénations ou les engagements consentis par le mari, sans pouvoir en atteindre les effets.

Le système le plus généralement admis est celui qui fait de la renonciation à la communauté par la femme la condition essentielle de l'existence de cette hypothèque. Alors, dit-on, les immeubles acquis à titre onéreux au cours du mariage sont devenus la propriété exclusive du mari. La femme par sa renonciation répudie toute solidarité, toute ratification des actes accomplis par ce dernier, elle demeure seulement propriétaire des biens apportés en dot et échus à titre gratuit, s'ils se retrouvent en nature ; elle est créancière de la valeur de ceux qui ne se retrouvent point et dont la garde et l'administration étaient confiées à son mari. Son droit de créance, elle peut le faire valoir avec son hypothèque légale sur tous les immeubles du mari, y compris ceux devenus sa propriété exclusive par l'effet de la renonciation. La femme au contraire accepte-t-elle? elle est censée avoir concouru à tous les actes accomplis par le mari pendant le mariage. Elle est garante du concours tacite donné à ces actes, concours ratifié par son acceptation. Telle est notamment l'opinion de M. Troplong (1), mais nous ne savons comment peut se concilier cette conclusion avec le principe de la personnalité morale de la communauté (2).

Nous aurons à examiner en détail les conséquences de l'acceptation et de la renonciation par la femme sur les effets de son hypothèque légale sur les biens communs, et nous verrons alors ce que l'on doit penser de ce dernier système. Nous recherclerons s'il est exact que par l'acceptation, la femme est dans la même situation que si elle avait donné son concours aux actes d'aliénation ou de constitution d'hypothèque consentis par son mari ; si, par suite, elle est garante de l'exécution de ces actes, ainsi que le soutiennent la jurisprudence et la grande majorité des auteurs.

Ce qu'il faut retenir seulement de cette longue discussion, c'est qu'en principe la femme mariée possède une hypothèque légale sur les conquêts, et cette hypothèque, de l'aveu de tous les auteurs modernes, les grève d'une manière au moins éventuelle.

Cette solution ne fait point de doute dans la pratique : pas un notaire ne consentirait à prendre sous sa responsabilité la négociation de la vente d'un conquêt, sans exiger la purge de l'hypothèque de la femme ou le concours de celle-ci dans les termes des lois des 23 mars 1855 et 13 février 1889. S'il ne demandait point ces ga-

(1) *Privilèges et hypothèques*, tome 2, n° 433 *ter*.
(2) V. opinion de M. Troplong, *suprà*, p. 14 et 15.

ranties, c'est que, connaissant la situation de fortune de l'épouse, et sachant que son hypothèque ne conserve aucune créance actuelle contre son mari, il dispenserait l'acquéreur des mêmes formalités, s'il s'agissait de la vente d'un propre de ce dernier.

On ne voit point, d'ailleurs, comment concilier, avec l'article 563 du Code de commerce, le principe qui dénie *à priori* le droit d'hypothèque de la femme sur les conquêts. Cet article, que nous aurons à commenter avec quelques détails dans la suite de ce travail, refuse en effet à la femme le droit de se prévaloir de son hypothèque, dans le cas de faillite de son mari, sur tous autres biens que ceux lui appartenant à l'époque de son mariage, ou qui lui seraient échus depuis, soit par succession, soit par donation entre vifs ou testamentaire. C'est donc qu'en dehors du cas de faillite, c'est-à-dire dans les circonstances normales, les immeubles appartenant au mari et non compris dans l'énonciation ci-dessus, en sont également et de plein droit grevés, et apparemment les biens acquis à titre onéreux doivent bien en faire partie.

Il serait d'ailleurs étrange que la loi accordât une garantie à la femme sur les biens appartenant en propre à son mari, biens acquis à titre gratuit, et qu'elle la lui refusât sur les immeubles acquis souvent avec des fonds provenant de l'aliénation de ses propres, ou des économies faites sur le produit de son travail comme sur le produit du travail du mari.

L'hypothèque légale frappant tous les immeubles acquis pendant le mariage sur lesquels le mari a un droit de propriété, il faut conclure que les biens acquis par une société ayant la personnalité morale dont ferait partie ce dernier, seraient affranchis du droit de la femme. La communauté existant entre les époux n'est point copropriétaire indivise de l'immeuble ; la société, personne morale distincte des époux, seule a la propriété, à l'exclusion de tous autres. Lors du partage de l'actif social, si les immeubles sont attribués à des associés autres que le mari, ceux-ci n'auront jamais rien à craindre de la part de l'épouse : ils seront protégés par l'article 883, qui les déclare fictivement propriétaires depuis le jour de la dissolution de la société. Ces mêmes biens au contraire sont-ils abandonnés au mari ? ils seront frappés du droit de la femme, mais postérieurement aux droits des tiers créanciers inscrits du chef de la société dissoute, et seulement de l'époque de la dissolution de la société : la femme ne vient naturellement pour son hypothèque qu'après les créanciers inscrits tenant leurs droits du vendeur ou de l'auteur du mari, autrement dit de l'ancien propriétaire ; or, la société est bien ancienne propriétaire au sens propre du mot. En ce qui concerne les sociétés civiles n'ayant pas reçu la personnalité civile, on devrait décider, d'après de nombreux auteurs, que l'actif social est indivis, que par suite le droit de la femme frappe les immeubles du chef du mari dès leur mise en société ; il faut reconnaître toutefois que la jurisprudence aurait des tendances très accentuées vers la solution contraire. Nous ne pouvons que renvoyer sur cette question à l'étude succincte que nous avons dû faire sur la personnalité des sociétés civiles.

Il peut arriver que le droit d'hypothèque sur un immeuble acquis par le mari soit soumis à la volonté de la femme, que la nature de conquêt appartenant à un immeuble ait un caractère en quelque sorte provisoire.

Nous en trouvons un premier exemple dans l'hypothèse qui est offerte par l'article 1408 du Code civil.

Le mari se rend propriétaire en son nom personnel d'un immeuble ou d'une portion d'immeuble appartenant par indivis à la femme. Cet immeuble est bien un conquêt dans les termes de l'article 1401, 3° ; mais la femme a la faculté, lors de la dissolution de la communauté, de lui laisser sa nature de conquêt, ou de le reprendre comme propre sauf à tenir compte à la masse commune du prix de l'acquisition. Elle ne manquera pas de prendre ce dernier parti, si l'immeuble a augmenté de valeur, ou si le mauvais état des affaires de son mari lui fait craindre de ne pas être remplie de ses créances. Elle aura au contraire intérêt, si l'immeuble a dépéri ou perdu de sa valeur, de l'abandonner à la communauté qui devra lui payer le prix de la portion lui appartenant originairement. Dans ce dernier cas, son droit d'hypothèque légale grèvera le bien qui est devenu définitivement propriété du mari, pour partie si elle accepte la communauté, en totalité si elle y renonce.

L'article 1435 nous offre un autre exemple. Le mari dans l'acte d'achat déclare que le prix provient de l'aliénation d'un propre de l'épouse et pour lui servir de remploi. Cette déclaration n'engage pas la femme *ipso facto*. Elle doit faire connaître sa volonté avant la dissolution de la communauté. Si elle accepte le remploi, le bien ainsi acquis lui demeurera propre, il n'aura jamais été grevé de son hypothèque légale ; si, au contraire, elle ne l'accepte pas, l'immeuble sera définitivement un conquêt. Telle est la solution actuellement en honneur. On soutient cependant dans un système, que l'immeuble acquis par le mari appartient à la communauté jusqu'à l'acceptation de la femme, ce qui entraînerait, notamment, la perception de deux droits de mutation, et le maintien des droits réels consentis par le mari au profit des tiers pendant l'intervalle de l'achat à l'acceptation de la femme. Cette théorie est généralement abandonnée.

CHAPITRE II

DES EFFETS DE L'HYPOTHÈQUE LÉGALE SUR LES IMMEUBLES DE LA COMMUNAUTÉ.

La garantie spéciale accordée à la femme par notre article 2121 du Code civil a pour effet de lui assurer, par préférence aux créanciers du mari et de la communauté même hypothécaires, le recouvrement des droits, reprises et créances qu'elle pourra avoir à exercer, d'après le rang qui leur est assigné par l'article 2135.

L'hypothèque légale que cet article lui confère grevant, non seulement les immeubles qui appartiennent au mari lors de la célébration du mariage, mais encore ceux qui lui échoient par la suite, il ne saurait y avoir de difficultés sur le point de savoir si elle frappe les biens qu'il acquiert à titre onéreux, quand ces biens doivent devenir sa propriété exclusive, et sur la détermination de ses effets en tant qu'elle s'applique à ces mêmes biens. Dans le cas où le régime adopté par les époux est le régime dotal sans adjonction de société d'acquêts, tel qu'il se pratique encore quelquefois dans le Centre et dans le Midi de la France, l'hypothèque de la femme frappe les immeubles acquis à titre onéreux par le mari, comme ceux qui lui appartiennent en propre et ceux qui lui adviennent à titre gratuit (par succession, don ou legs); et l'effet de son hypothèque est absolu à son profit, en ce sens que n'ayant pas, au moins d'après le système de la jurisprudence, la faculté d'aliéner sa dot mobilière, elle n'aura pu renoncer aux garanties qui en assurent le recouvrement et subroger les tiers dans ces garanties.

Et ce que nous venons de dire s'applique aussi sous le régime de la séparation de biens; l'hypothèque grèvera les immeubles acquis par le mari; il ne saurait y avoir de distinction entre les biens propres et ceux qu'il vient à acquérir pendant la vie conjugale; tous sont également grevés au profit de la femme en vertu de notre article 2121; ainsi en est-il également sous le régime exclusif de communauté organisé par l'article 1530 du Code civil. Mais, à la différence de ce qui arrive sous le régime dotal, la femme conservant, dans ces dernières hypothèses, toute sa capacité civile, peut, avec l'autorisation de son mari, consentir toutes renonciations et subrogations au sujet de son hypothèque légale. Nous n'avons pas à examiner dans quelles conditions et sous quelles formes doivent se faire ces renonciations et subrogations; signalons seulement qu'elles sont possibles quand la femme a conservé sa capacité civile, et dans les limites où elle l'a conservée, et que ces conventions reçoivent leur exécution, aussi bien au cas où l'immeuble grevé de l'hypothèque légale a été acquis à titre onéreux par le mari, que quand c'est un bien propre.

Il ne saurait y avoir de difficultés, dans ces diverses hypothèses.

Sous le régime de la communauté au contraire, et en général sous les régimes où il y a des immeubles indivis entre les époux, la question n'est plus aussi simple. Les effets de notre hypothèque légale sont discutés. Les pouvoirs très étendus que le législateur a donnés au mari sur ces biens, et d'autre part les effets de l'hypothèque sont difficiles à concilier, surtout quand la femme a accepté la communauté et paraît par suite avoir approuvé en quelque sorte l'administration de son mari.

Nous aurons à examiner quels sont les effet de l'hypothèque de la femme :

1° Pendant la durée de la communauté ;

2° Quand la communauté est dissoute.

Et ces effets seront les mêmes, en principe, non seulement quand le régime adopté sera celui de la communauté, tel qu'il est établi par le Code civil, ou avec les modifications apportées dans les termes de l'article 497 et suivants, mais aussi quand les époux auront adjoint au régime de la séparation de biens une société d'acquêts, ce qui se présente fréquemment dans la pratique; ils pourront être différents, quand la société d'acquêts aura été stipulée avec le régime dotal, et nous devrons signaler rapidement les différences qui les séparent, s'il en existe réellement.

SECTION I. — **Effets pendant la communauté.**

D'après l'opinion générale des auteurs et de la jurisprudence, l'hypothèque légale de la femme grève au moins conditionnellement les immeubles communs.

Le mari peut les aliéner et hypothéquer sans le concours de son épouse ; ces aliénations et constitutions d'hypothèques sont valables indépendamment de tout consentement de la femme, mais celle-ci a toujours une arme qui lui permettra peut-être de menacer d'éviction l'acquéreur qui aurait acheté du mari seul, d'obtenir un rang préférable au créancier hypothécaire qui n'aurait pas obtenu son concours.

Aussi est-il indispensable, pour se mettre à l'abri de tout danger, que les tiers exigent le concours de la femme à l'acte d'aliénation ou de constitution d'hypothèque et la renonciation à son hypothèque légale.

La renonciation par la femme, au profit de l'acquéreur d'un immeuble commun, vaudra purge de son hypothèque légale sur ce conquêt (loi du 13 février 1889) ; elle sera même translative des droits d'hypothèque de la femme pour être opposés, s'il en était besoin, aux créanciers postérieurs en rang à la femme qui viendraient à l'inquiéter (même loi).

Pour le créancier hypothécaire, la renonciation de la femme sera translative : celle-ci l'aura investi de son droit d'hypothèque, il pourra se faire colloquer à ses lieu et place, non seulement sur le prix des biens qui lui auraient été personnellement hypothéqués, mais encore sur le prix de tous les biens du mari et de la communauté, sauf cependant le cas où, suivant une pratique assez générale, la renonciation aurait été limitée, quant à ses effets, à l'immeuble donné en garantie. — Cette renonciation mettra le créancier à l'abri des dangers résultant de l'exercice par la femme de son hypothèque légale.

Cette renonciation, que les tiers feront sagement d'exiger, est réglée par les lois du 23 mars 1855 et du 13 février 1889 : nous ne nous arrêterons pas à commenter ces deux lois qui forment aujourd'hui les textes organiques concernant les cessions de l'hypothèque légale de la femme : ce serait sortir des limites de cette étude que de les examiner, puisqu'elles s'appliquent également au cas où il s'agit des propres du mari.

A défaut du concours de la femme, et de sa renonciation, l'acquéreur du conquêt aura bien entendu la faculté de purger, par l'accomplissement des formalités prescrites par l'article 2194 du Code civil, supposé d'ailleurs qu'il ne se soit pas rendu adjudicataire à la suite d'une expropriation forcée : à défaut d'inscription dans les deux mois, l'immeuble sera définitivement dégrevé de l'hypothèque légale de la femme, et il pourra sans danger payer son prix aux mains du mari.

Mais la femme aura peut-être inscrit son hypothèque pendant les délais voulus, ou même avant toute procédure et toute aliénation volontaire ou forcée du mari.

Quel sera dans ce cas le droit conféré à la femme par cette inscription ?

Pourra-t-elle être colloquée sur le prix ? Ses créances ne sont pas déterminées ; elles ne sont pas exigibles. D'autre part, le conquêt vendu sera peut-être censé n'avoir jamais été grevé de l'hypothèque légale, si l'on admet avec certains auteurs et la jurisprudence actuelle que la renonciation à la communauté est la condition de l'exercice de l'hypothèque sur les conquêts.

Cette question a été l'objet dans la jurisprudence de décisions contradictoires :

Dans un arrêt du 31 décembre 1867 (1), la Cour de Metz, confirmant un jugement rendu par le Tribunal de Rocroi le 7 mars précédent, refusa à la femme une collocation sur le prix de la vente d'un immeuble commun.

Rappelons succinctement les faits :

Les époux Bidault, mariés en 1828 sans contrat, avaient formé avec le sieur Fondaire une société de fait dont la dissolution amena entre les trois associés une licitation des immeubles communs ; ces immeubles furent tous adjugés à Fondaire le 21 août 1864. Antérieurement, la femme Bidault avait fait inscrire son hypothèque légale sur les immeubles sociaux qui, au regard de son mari et au sien, étaient conquêts de communauté. Le Tribunal de Rocroi ordonna avec raison la radiation de cette inscription, attendu : 1° que les immeubles étant licités

(1) Dalloz, 1868. 2. 145. -- Sirey, 1869. 2. 5.

et l'indivision ayant cessé, l'acquéreur colicitant, en vertu des articles 883 et 1872 du Code civil, était censé vis-à-vis des communistes avoir été seul propriétaire des immeubles à lui adjugés depuis le commencement de l'indivision (1) ; 2° que la dame Bidault était intervenue à la vente et l'avait garantie « contre tous troubles, dettes, hypothèques, évictions, surenchères et autres empêchements quelconques ». Mais la Cour autorisa en outre Fondaire à verser entre les mains du sieur Bidault la part revenant à celui-ci et à sa femme dans le prix de biens vendus. Or, par des conclusions subsidiaires, la dame Bidault avait demandé qu'il lui fût accordé tout au moins, pour ses reprises matrimoniales, une collocation éventuelle et provisoire dont l'effet définitif et la réalisation à son profit seraient suspendus jusqu'à la dissolution de la communauté.

La Cour de Metz refusa de fixer la collocation demandée, et l'arrêt invoquait les considérations suivantes :

La collocation éventuelle aurait eu pour effet d'entraver l'exercice légitime du droit par le mari, droit qui lui est conféré par la loi sous le régime de la communauté légale, de percevoir tous les capitaux appartenant à la femme, sans distinction des capitaux d'origine purement mobilière et de ceux ayant pour cause une vente d'immeubles.

D'autre part, cette collocation, malgré son caractère

(1) Conf. *suprà*, p. 27, chap. 1.

provisoire, aurait produit les effets d'une séparation de biens judiciaire ; et il était impossible (d'après la Cour) de réduire au moment même les droits de la dame Bidault à ses seules reprises matrimoniales dont le montant devrait être définitivement fixé, sans admettre la dissolution de la communauté et la reconnaissance pour la femme du droit de renoncer immédiatement (la renonciation étant, d'après la jurisprudence, la condition essentielle de l'existence de l'hypothèque légale de la femme sur les conquêts).

Cette solution était certainement inexacte.

Il n'est pas nécessaire, pour qu'une collocation soit obtenue dans un ordre, que le montant de la créance soit déterminé et exigible. C'est un caractère spécial de l'hypothèque légale de conserver des sommes indéterminées et non exigibles, quand elle est accordée à des incapables contre les administrateurs de leurs biens. Avec le système de la Cour de Metz, il suffirait à un tuteur de vendre tous ses immeubles pendant le cours de sa gestion pour enlever au pupille la garantie que la loi lui a accordée ; en effet, sa créance n'est pas non plus déterminée ; elle est, il est vrai, moins sujette à variations que celle de la femme contre son mari ; le tuteur ne peut vendre sans des formalités nombreuses et coûteuses les immeubles et les droits incorporels de l'incapable ; la fortune de ce dernier et sa fortune personnelle étant nettement séparées, la balance des recettes et des dépenses de son administration est plus facile à établir que celle des récompenses et des reprises de la femme ; cependant, la créance du mineur peut varier et même disparaître tout à fait ; peut-être les deniers dont le tuteur est comptable envers lui lors de l'aliénation d'un bien immeuble auront-ils été employés, lors de la reddition du compte, à l'acquisition de biens et valeurs dont il sera propriétaire.

Il n'en est pas moins certain que le mineur a droit à une collocation immédiate au moins provisoire (1).

Or, rappelons-le bien, c'était une collocation purement provisoire et conditionnelle que demandait la dame Bidault, une collocation dont l'effet définitif était subordonné au parti qu'elle aurait pris lors de la dissolution de la communauté, et au résultat de la liquidation de ses reprises. Cette collocation n'entraînait donc, en fait, ni séparation de biens, ni renonciation à communauté. Assurément, c'était chose grave pour la Cour d'accorder une collocation, en vertu d'un droit hypothécaire considéré par elle comme conditionnel, pour sûreté de créances tout éventuelles, et dont le résultat, en définitive, était de rendre indisponible dans une mesure peut-être indéfinie le prix dû au mari. Et cependant l'intérêt de la femme l'exigeait. Il faut que, même pendant la communauté, la femme puisse prendre les précautions nécessaires pour assurer l'exercice de ses reprises et les mesures propres à sauvegarder ses droits éventuels. Autrement, le bénéfice de notre article 2121 deviendrait le plus

(1) Sirey, 1881.2.37. Alger, 12 mai 1880.

fréquemment illusoire. Quelle serait en effet la situation de l'épouse ? Elle n'aurait que la ressource de demander la séparation de biens, mesure odieuse par elle-même et souvent insuffisante; le Tribunal pourrait la lui refuser, le mari n'étant pas actuellement dans un état d'insolvabilité assez notoire.

L'esprit de notre Code est bien d'assurer même pendant la communauté à la femme mariée, l'exercice des garanties nécessaires à la sauvegarde de sa fortune.

Nous ne sommes pas touché de l'argument invoqué par l'arrêt en question : accorder dans ce cas une collocation à la femme serait porter atteinte aux droits du mari comme chef de la communauté. On verra plus loin que ce droit ne peut faire obstacle à celui de la femme de prendre toutes mesures conservatoires sur des immeubles qui, au moins pour partie, peut-être pour le tout, seront censés avoir été sa propriété. S'il s'était agi d'une collocation à accorder sur le prix d'un immeuble propre du mari, la Cour aurait peut-être éprouvé moins de scrupules. Serait-ce que ses pouvoirs sur les conquêts doivent être mieux protégés et plus étendus que ceux lui appartenant sur ses propres ?

Aussi nous rallierons-nous volontiers à la décision rendue par le Tribunal de Bastia, confirmée par arrêt du 25 janvier 1862 (1). Dans une affaire Alfonsi, le Tribunal de Bastia, tout en reconnaissant que la créance de la

(1) Dalloz, 1868. 2.147, Sirey, 1862.2.453.

femme n'était pas liquide, qu'il ne fût pas justifié de l'exécution du jugement de séparation de biens prononcé à son profit, dans le délai de quinzaine imparti par l'article 1444 du Code civil, déclara qu'il entrait dans ses attributions « *de fixer d'ores et déjà, à titre provisoire, une somme suffisante pour garantir les droits éventuels de la femme* ».

Et ce jugement ne parle nullement de la renonciation par la femme à la communauté (1).

Nous aurons à examiner plus loin si, même en cas d'acceptation de la communauté, les collocations obtenues par la femme, constituée créancière par la liquidation de ses reprises, ne devraient pas avoir un caractère définitif à l'encontre des créanciers hypothécaires postérieurs en rang.

SECTION II. — **Effets après la dissolution de la communauté.**

Par suite du décès de l'un des conjoints, ou de la séparation de biens prononcée en justice, soit en principal, soit accessoirement à une déclaration de divorce ou de séparation de corps, la communauté a cessé d'exister. La femme, ou ses héritiers et représentants si elle est prédécédée, ont alors une double voie à suivre :

(1) Voir en ce sens : Bordeaux, 28 juin 1870, S. 1870.2.326, D. 1871.2.99; Paris, 6 juin 1882, Sir., 1885.2.116; Pau, 23 juin 1884, D. 1885.2.253.

Ils peuvent renoncer à la communauté ou bien l'accepter.

Par sa renonciation, la femme perd toute espèce de droit sur les biens de la communauté (art. 1492 Code civil) ; elle reprend ses propres en nature, s'ils existent encore, et s'ils ont été aliénés, elle a de ce chef contre son mari une créance qu'elle peut faire valoir sur tous les biens qui lui appartiennent personnellement et qui lui proviennent de la communauté dissoute, créance garantie par son hypothèque légale. Elle n'est plus tenue que de ses dettes personnelles et, en outre, de celles pour lesquelles elle se serait obligée avec son mari, sauf son recours bien entendu contre ce dernier qui doit supporter seul tout le passif de communauté, même celui provenant du chef de la femme (art. 1492 à 1495) ;

Le tout à la condition d'avoir fait inventaire dans les délais voulus et de ne s'être pas immiscée.

Par son acceptation, la femme est censée avoir toujours été commune en biens ; elle est tenue des dettes de la communauté à concurrence de moitié (art. 1482) ; de plus, sous la condition d'avoir fait inventaire, elle est déchargée de toute responsabilité de ces dettes, dès qu'elle justifie n'avoir retiré aucun bénéfice, autrement dit, *elle n'est tenue que jusqu'à concurrence de son émolument* (art. 1483).

Ce que nous venons de dire s'applique aux dettes de la communauté contractées par le mari seul. Quant à celles pour lesquelles elle s'est personnellement obligée avec solidarité, elle doit les payer de même que celles qui proviennent de son chef, mais sauf son recours contre son mari, de manière à ne supporter en définitive les dites dettes que jusqu'à concurrence de son émolument seulement.

Telles sont les dispositions générales de notre Code, en ce qui concerne les effets de la renonciation par la femme à la communauté, et les conséquences de son acceptation au point de vue de son obligation et de sa contribution aux dettes.

Nous aurons à les invoquer souvent dans la suite de cette étude.

§ 1. — La femme renonce à la communauté.

Par la renonciation de la femme, le mari est censé avoir été seul propriétaire de tous les immeubles qui ont été acquis pendant la durée de la communauté. Cette renonciation met fin à l'indivision qui existait entre les époux, si l'on admet que la communauté ne constitue pas une personne morale, ce qui est l'opinion générale des auteurs modernes et de la jurisprudence. — Alors même qu'on n'admettrait pas cette opinion, il faudrait reconnaître que l'hypothèque légale de la femme grève les immeubles devenus la propriété exclusive du mari, cette hypothèque grevant tous les immeubles présents et à venir, mais elle ne daterait que du jour de la dissolution et ne frapperait pas les conquêts aliénés par le mari, celui-ci ayant eu tous pouvoirs pour disposer à titre onéreux des biens de l'être moral. Nous n'insistons pas sur les conséquences, de cette théorie, les développements que nous pourrions donner s'appliqueraient à un système présentant aujourd'hui un intérêt presque exclusivement historique.

M. Valette (1) soutient que la femme possède bien un droit d'hypothèque en cas de renonciation sur les conquêts devenus biens du mari seul, mais en tant seulement que ce droit ne porterait pas préjudice aux tiers, créanciers hypothécaires et détenteurs. Et M. Labbé paraît avoir donné à cette opinion l'appui de son autorité (2). Il ne serait pas vrai, d'après eux, de dire que par sa renonciation la femme est censée n'avoir jamais été commune, n'avoir jamais été représentée par son mari, et on ne saurait d'ailleurs, sans un texte précis, faire disparaître rétroactivement le fait même de l'existence de la communauté.

Mais, comme le répondent MM. Aubry et Rau (3), si la femme renonçante a été valablement représentée par le mari, comment peut-elle être ainsi déchargée de ses engagements envers les tiers chirographaires? Comment peut-elle être obligée de respecter des actes où elle a été représentée, sans être tenue des engagements qui en dérivent?

(1) *Traité des priv. et hyp.*, tome I, p. 258.
(2) Note sous Sirey, 1876. 1. 241 *in fine*.
(3) *Cours de droit civil français*, tome 3, n° 264 *ter*, note 30.

On verra plus loin ce qu'il faut penser du système de la représentation, par le mari, dela femme même acceptante, aussi n'insisterons-nous pas sur le système de M. Valette, les arguments qu'on devra présenter alors devant, *à fortiori*, réfuter ce système, s'ils sont péremptoires dans l'hypothèse où la femme a opté pour l'acceptation.

Il faut au contraire reconnaître, avec la jurisprudence et l'opinion générale des auteurs, que, par suite de la renonciation, la femme est censée n'avoir jamais été commune. Les aliénations et les constitutions d'hypothèque consenties par le mari sont certainement valables, même celles qu'il aurait consenties en dehors des pouvoirs à lui conférés par l'article 1421 et suivants. C'est ainsi que deviendrait définitive la donation d'un immeuble conquêt (1). Mais sur les immeubles de communauté, la femme conserve le droit d'exercer tous les droits que lui confère son hypothèque légale. Elle a son droit de suite contre les tiers acquéreurs, elle a son droit de préférence contre les créanciers, si son rang est antérieur au leur, en vertu de l'article 2135.

Les collocations éventuelles qu'elle a pu obtenir pendant la communauté deviennent définitives, pourvu que la liquidation de ses reprises la constitue créancière de son mari, et dans la mesure où elle est reconnue créancière.

(1) Baudry-Lacantinerie, *Précis de droit civil*, tome 3, nº 117.

De même, le droit des tiers qui avaient obtenu la renonciation à son hypothèque légale se trouve consolidé. C'est ainsi par exemple que l'acquéreur qui a obtenu son concours à la vente peut sans difficulté invoquer, contre les créanciers hypothécaires postérieurs en rang à la femme, le bénéfice de l'avant-dernier alinéa du nouvel article 9 de la loi du 23 mars 1855 (loi du 13 février 1889).

La jurisprudence, nous le verrons plus loin, décide que l'acceptation de la communauté met la femme dans l'impossibilité absolue de faire valoir son hypothèque légale contre les créanciers hypothécaires de la communauté régulièrement inscrits. Aussi admet-elle que les créanciers subrogés à cette hypothèque légale ont le droit de faire considérer la renonciation pour un fait accompli, si tel est leur intérêt évident, et si l'acceptation par la femme était faite en fraude de leurs droits.

C'est ce qui résulte notamment d'un arrêt de la Cour de cassation (rejet du 4 février 1856) (1). Après avoir expliqué que l'hypothèque de la femme ne saurait frapper les immeubles conquêts qui, par suite de son acceptation, lui échoient en partage, à cause de l'effet rétroactif attaché à l'acte faisant cesser l'indivision (articles 883 et 1476 du Code civil), la Cour suprême invoque le considérant qui suit :

« Attendu qu'il faut distinguer le cas où l'hypothèque

(1) Dalloz, 1856.1.61. — Sirey, 1856.1.225.

légale est exercée par la femme elle-même du cas où le bénéfice en est réclamé par ses créanciers ; qu'en cas de faillite ou de déconfiture du mari, l'article 1446 du Code Napoléon donne aux créanciers de la femme la faculté d'exercer les droits de leur débitrice jusqu'à concurrence de leurs créances ; que cet article applicable, même quand la communauté n'est pas dissoute, et quand la femme, *par un concert complaisant avec son mari*, malgré le péril de sa dot, ne demande pas la séparation de biens, *régit, à plus forte raison, le cas où, la communauté étant dissoute, la femme refuserait contre son intérêt évident d'en répudier les charges par une renonciation* ».

C'est là une application très exacte des dispositions des articles 1167 et 1446 du Code civil ; ajoutons d'ailleurs que les créanciers chirographaires de la femme pourraient tenir la renonciation comme un fait accompli, de même que les créanciers subrogés à l'hypothèque légale, tous indistinctement ayant le droit d'invoquer les dispositions des articles 1166 et 1167 ; la seule différence est que les seconds devraient être colloqués par préférence aux premiers (1).

Ne faudrait-il même pas aller plus loin et décider que le créancier subrogé à l'hypothèque légale de la femme aurait le droit de faire tenir la séparation de biens et la renonciation pour accomplies, sans avoir à prouver la fraude de la femme ?

(1) Sirey, 1854.2.561, note sous Orléans, 12 juillet 1854, et Dalloz, 1856. 1.63.

Le législateur a refusé aux tiers ayants droit de la femme, la faculté de demander la séparation de biens contre le mari. Cependant, cette garantie de la séparation de biens est un droit d'une nature essentiellement pécuniaire qui, à ce titre, devrait pouvoir être exercé par les créanciers de la femme, en vertu de l'article 1166; mais considérant qu'il était odieux de voir les tiers s'immiscer pour ainsi dire dans les rapports intimes des époux, et briser des liens respectables, il a assimilé par l'article 1446 le droit de former une telle demande à ceux qu'il appelle « exclusivement attachés à la personne » (art. 1166, *in fine*). En revanche, il a donné à ces mêmes créanciers la faculté de faire valoir les droits de leur débitrice jusqu'à concurrence du montant de leurs créances, et il n'a mis, à son exercice, aucune obligation de prouver la fraude de l'épouse. En conséquence peut-être n'y aurait-il pas lieu d'exiger du créancier qui invoquerait le droit réel de la femme, dans lequel il aurait été subrogé, la preuve de ce concert complaisant dont parle l'arrêt ci-dessus visé.

Le fait que les conquêts de communauté auraient été acquis par le mari, non pour les conserver, mais comme objets de spéculation et pour être revendus, ne mettrait pas obstacle à l'exercice par la femme de son hypothèque légale contre les tiers acquéreurs qui n'auraient pas purgé ou n'auraient pas obtenu sa renonciation. Le seul moyen de se préserver de cette hypothèque pour le mari est d'obtenir la réduction conformément à l'article 2144.

De même, la femme a hypothèque sur l'immeuble par elle ameubli, en vertu de son contrat de mariage, quand même il aurait été aliéné par le mari. Comme tout autre bien commun, il forme son gage hypothécaire (1).

§ 2. — La femme accepte la communauté.

Il n'y a pas lieu de s'arrêter à l'examen des conséquences de l'acceptation par la femme de la communauté, pour les partisans de la personnalité morale de cette communauté.

Disons seulement que, pour ces auteurs, les constitutions d'hypothèque et les aliénations consenties par le mari au sujet des immeubles acquis pendant le mariage sont complètement opposables à la femme. Les immeubles dépendant de la communauté faisant partie d'un patrimoine distinct des patrimoines respectifs des époux, et l'article 1421 du Code civil donnant au mari le droit de les aliéner et de les hypothéquer sans le concours de sa femme, l'hypothèque de celle-ci ne saurait frapper sur des biens qui n'ont pas été biens de son mari et sur lesquels celui-ci possédait non pas un droit de propriété, mais des pouvoirs étendus analogues à ceux d'un gérant de société. Tous les actes consentis par lui ne sauraient souffrir aucune atteinte du droit d'hypothèque de la femme.

(1) Duranton, tome 15, n° 76.

L'hypothèque légale de cette dernière ne commence à grever les immeubles de communauté que depuis la dissolution de cette communauté, et seulement ceux de ces conquêts attribués par le partage au mari, avec date du jour de la dissolution. Quant à ceux aliénés, ils sont définitivement purgés du droit réel de la femme, ou plutôt ils n'en ont jamais été frappés. « Si la femme, dit à ce sujet M. Persil, accepte la communauté, nous ne voyons pas comment elle pourrait avoir hypothèque sur les conquêts aliénés durant le mariage ».

En outre, sur les biens grevés d'hypothèques attribués en partage à la femme, les créanciers hypothécaires conservent leur rang bien entendu, et celle-ci ne peut jamais invoquer le rang que lui accorde l'article 2135. M. Marcadé, tout en se défendant en termes assez vifs d'être partisan de la personnalité morale de la communauté, admet la chose sans le mot (1); et comme conséquence, il déclare que les biens, *tant meubles qu'immeubles*, que la femme acceptante prélève en paiement de ce qui lui est dû, ne sont pas par cela même soustraits à l'action des créanciers de la communauté. « Si on la considère en tant que *propriétaire*, elle ne l'est que comme femme commune, elle ne reprend le bien que comme bien commun, et ce bien demeure dès lors le gage des créanciers de la communauté. Si on la considère en tant que créancière de la communauté, les autres créanciers ont

(1) *Explicat. théor. et prat. du Code Napoléon*, 5e éd., 1859, t. 5, p. 428.

un droit semblable au sien ; elle n'a vis-à-vis d'eux aucune cause de préférence, et elle ne peut venir à payement que concurremment avec les autres créanciers (1) ». Ce qui signifie que, sur tous les biens meubles et immeubles échus à la femme acceptante en paiement de ses reprises, les créanciers chirographaires peuvent réclamer leur paiement concurremment avec la femme. Telles sont les conclusions naturelles découlant du système de la personnalité morale de la communauté. On a vu plus haut ce qu'il fallait penser du principe ; les conséquences qui en dérivent ne sauraient nous arrêter plus longtemps.

Il y aura lieu d'examiner le sort de l'hypothèque légale de la femme sur les conquêts, étant admis que sur la communauté, elle a eu mieux qu'une espérance, comme le disait Dumoulin, mais un droit réel de copropriété au moins suspensif, droit limité par les pouvoirs étendus de disposition et d'administration accordés par la loi au mari, chef naturel des biens communs.

Nous étudierons les droits de la femme acceptante, munie de son hypothèque légale :

1° D'abord sur les conquêts aliénés par le mari sans son concours, et sans que cette hypothèque ait été purgée ;

2° Ensuite sur ceux grevés d'hypothèques, mais restés la propriété des époux, en distinguant suivant que le

(1) *Loc. cit.*, p. 615 sur l'art. 1472.

partage les aura fait tomber au lot du mari ou au lot de la femme.

Nous devrons examiner également quelle est la situation de la femme qui a accepté, pendant la période d'indivision qui suit la dissolution de la communauté, période souvent assez longue dans la pratique.

A. — *L'immeuble est aliéné.*

D'après une opinion importante dans la doctrine, la femme acceptante n'aurait aucun recours sur le conquêt aliéné par le mari seul pendant la durée de la communauté.

Son mari l'a valablement *représentée* dans la vente qu'il a consentie, et, ayant été valablement représentée, elle ne saurait porter atteinte aux droits d'un acquéreur auquel elle doit la garantie. Le tiers acquéreur de l'immeuble dont elle voudrait poursuivre l'expropriation serait en droit d'invoquer contre elle la maxime : *Quem de evictione tenet actio, eumdem repellit exceptio.*

« La femme acceptante, dit à ce sujet M. Laurent (1), est associée ; elle l'a toujours été, et dans la société que l'on appelle communauté, la femme est représentée par son mari. Disons mieux, elle est absorbée par lui ; tout ce qu'il fait est censé fait par la société qui se concentre dans le mari. Cela est si vrai que la femme est garante, au moins pour moitié, d'autres disent pour le tout ».

(1) *Principes de droit civil français*, t. 30, 2e éd., p. 329, n° 370.

Et, d'après MM. Aubry et Rau (1), « la femme qui accepte, étant censée avoir toujours été commune en biens, et avoir été ainsi représentée par son mari dans tous les actes de disposition relatifs aux biens communs, son hypothèque sur les conquêts subit nécessairement l'influence de sa qualité de commune en biens et des conséquences qui découlent de ces actes. On doit en conclure, d'une part, que la femme qui a accepté la communauté, n'est pas recevable à exercer son hypothèque légale sur les conquêts aliénés par le mari durant la communauté.

M. Colmet de Santerre ne croit pas que la question doive recevoir une solution aussi radicale au détriment de la femme. Partant de cette idée que l'immeuble ainsi aliéné appartenait avant la vente, éventuellement pour le cas où la femme accepterait la communauté, à chacun des époux par moitié, l'éminent professeur conclut que, si la femme ne saurait invoquer une hypothèque sur la moitié vendue en son nom par son mari, en vertu de l'adage *Nemini suum pignori esse potest*, il n'est pas possible de lui dénier son droit hypothécaire sur la moitié qui appartenait au mari, et qu'il a aliénée *proprio jure*. « On ne peut argumenter contre celle-ci de ce qu'elle a joué un rôle dans l'opération, ce bien n'ayant jamais été en réalité qu'un propre du mari (2) ».

(1) *Cours de droit civil français*, 4e éd., t. 3, p. 226, § 264 *ter*.

(2) *Cours analytique de Code civil* de MM. Demante et Colmet de Santerre, t. 9, n° 81 *bis*, VIII, p. 150 (2e édition).

On pourrait peut-être objecter à ce système que, si la femme est reconnue *garante* de la vente de la *moitié* lui appartenant sur l'immeuble, sa garantie doit porter sur la totalité de l'aliénation ; la garantie en matière de vente est de sa nature indivisible d'après l'opinion générale, qui est celle de M. Colmet de Santerre lui-même (1).

M. Valette n'avait pas admis le même système. Tout en déniant à la femme acceptante le droit de suite sur les conquêts aliénés, il ne croyait pas que par son acceptation, elle ratifiât tous les actes consentis par le chef de la communauté. C'est ainsi, dit-il, qu'elle ne ratifierait point, par exemple, l'aliénation qui aurait été faite de ses propres par le mari, ou l'aliénation d'un usufruit ou d'une servitude active qui lui appartenait sur l'immeuble commun, ou la mainlevée consentie par le mari d'hypothèques, qu'elle avait acquises avant le mariage, sur les biens devenus conquêts de communauté (2).

L'illustre jurisconsulte n'était pas touché davantage par l'argument, reproduit par M. Laurent et MM. Aubry et Rau, de l'obligation de garantie dont la femme serait tenue en vertu de son acceptation. — Rappelons ses paroles déjà citées et qui résument sa pensée : l'hypothèque légale des conquêts de communauté est radicale-

(1) Demante et Colmet de Santerre, *loc. cit.*, t. 7, p. 84, n° 61 *bis*, VI. — Baudry-Lacantinerie, *Précis de dr. civil*, t. 3, n° 542.

(2) *Loc. cit.*, p. 256.

ment « incompatible avec les pouvoirs exercés par le mari et avec le libre usage du crédit dont il doit jouir pour l'administration des biens communs ». Sa théorie est la même pour la femme acceptante que pour la femme renonçante (1).

En fait,ce système aboutit au même résultat que celui des partisans de la personnalité morale de la communauté, au point de vue des droits de la femme en concours avec les créanciers hypothécaires et les tiers détenteurs des conquêts de la communauté, mais pour des motifs différents. Seulement, pour les auteurs reconnaissant la personnalité morale, la conclusion est logique, et leur système serait bien édifié, s'il ne péchait par la base. L'opinion de M.Valette, au contraire, ne paraît pas pouvoir se soutenir. Et en effet, ou bien la communauté est personne morale, la femme dans ce cas n'a jamais eu d'hypothèque légale sur des biens qui appartenaient à un être distinct de la personne du mari ; ou bien, au contraire, la communauté n'est pas une personne morale, et c'est bien le sentiment de M. Valette (2), alors les biens qui la composent appartiennent au mari, pour partie actuellement, et éventuellement pour le tout ; ils sont immédiatement frappés par l'hypothèque de la femme (art. 2121). Et pour refuser dans ce cas à la femme le droit de s'en prévaloir, même contre le tiers acqué-

(1) Conf. *suprà*, p. 43.
(2) *Loc. cit.*, p. 252, note 1.

reur, il faut invoquer l'argument de la ratification et de la garantie découlant de son acceptation.

Nous verrons plus loin ce qu'il faut penser de ce dernier argument qui est bien puissant puisqu'il rallie, outre la jurisprudence, une fraction très importante des auteurs.

B. — *L'immeuble n'a pas été aliéné.*

Supposons maintenant que l'immeuble de communauté n'a pas été aliéné par le mari ; il est resté dépendre de cette communauté.

Nécessairement, comme les meubles,il fera partie des objets à partager.

Qu'arrive-t-il en pareil cas dans la pratique ? La liquidation détermine quels sont les droits respectifs des époux, quelles sont leurs reprises et leurs récompenses, et au moyen des attributions qu'ils se consentent mutuellement, chacun d'eux se trouve rempli de ses droits. S'il n'y a pas de passif autre que celui dû aux époux pour leurs reprises, la situation est fort simple : la femme prélève le montant de ses reprises, comme le prescrit l'article 1470 et suivants du Code civil; le mari exerce après elle ses prélèvements ; et le surplus de l'actif se partage par moitié entre les époux (sauf conventions contraires permises par l'article 1525 du Code civil).

Si l'actif de communauté n'est pas suffisant pour couvrir la femme de ses créances, elle peut en poursuivre le recouvrement sur les biens personnels de son mari, en invoquant le bénéfice de son hypothèque légale.

M. Valette admet, nous l'avons vu ailleurs, l'hypothèque légale sur les conquêts de communauté, quand ils n'ont été ni aliénés ni grevés par le mari administrateur et M. Bertauld (1) déclare qu'on ne voit guère l'utilité de cette hypothèque; il faudrait d'après lui supposer que la femme eût laissé faire le partage sans exercer ses prélèvements, ce qui effectivement ne se conçoit guère ; en réalité, la femme peut avoir d'autres créances éventuelles à exercer contre son mari ; c'est ainsi, par exemple, qu'ayant obtenu le divorce, elle pourra avoir à réclamer pour le cas de survie un droit préciputaire ; ce droit, qu'elle ne pourra invoquer qu'après la mort de son mari, sera certainement protégé par l'hypothèque légale.

S'il existe au contraire un autre passif, la liquidation sera en général l'occasion de l'anéantir. Il sera acquitté autant que possible au moyen de valeurs et biens prélevés sur l'actif, qui seront cédés en paiement, ou aliénés pour le prix en être affecté à l'extinction ; ou encore, l'un des époux sera chargé de l'acquitter et, pour cela, il lui sera fait une attribution spéciale en sus de ses droits de copartageant. C'est ce qui arrivera en particulier dans le cas où le passif hypothécaire ne sera pas exigible et où le créancier, se prévalant des dispositions de l'article 1187, ne voudra pas recevoir son remboursement. A l'époux qui aura obtenu en partage l'immeuble hypothéqué, il sera, en

(1) *De l'hypoth. lég. des femmes mariées sur les conquêts*, 1852, p. 21.

général, fait l'attribution, outre de ses droits, d'une valeur suffisante pour désintéresser le créancier hypothécaire avec mission d'effectuer le paiement. Ce mode de procéder, parfaitement valable entre les époux, ne saurait être entièrement opposable aux créanciers, en ce sens que, pour ceux-ci, le partage est *res inter alios acta*, et qu'ils conservent toujours, indépendamment de leur action réelle sur l'immeuble, le droit de recourir contre le débiteur ou la personne avec laquelle ils ont contracté ; cependant, en fait et dans la pratique, ils n'auront aucune raison de ne pas diriger leur recours contre l'époux détenteur de leur gage, si celui-ci forme une garantie suffisante, et s'ils ont eu connaissance d'une manière quelconque des arrangements intervenus à cet égard entre les parties copartageantes.

Et cependant, il peut arriver, même après la liquidation de la communauté, que la femme se trouve en conflit avec des créanciers hypothécaires sur les immeubles tombés, soit au lot de son mari, soit à son propre lot. Peut-être lors du partage n'aura-t-il été tenu aucun compte des dettes hypothécaires. La femme pouvait en ignorer l'existence, et le mari étant décédé sans en avoir informé ses héritiers ou son conjoint, ceux-ci auront mis fin à l'indivision sans lever d'état d'inscriptions; peut-être encore l'hypothèque n'était-elle pas inscrite : le partage n'est pas, dans notre législation, un acte translatif de propriété, par suite il n'aura pas été transcrit, et les tiers créanciers auront conservé la faculté d'inscrire postérieurement à la date de l'acte de ce partage : ce droit a été formellement reconnu à un vendeur d'immeuble non payé, qui n'avait pas inscrit son privilège, et a pu cependant faire valoir ce privilège contre la femme abandonnataire de l'immeuble (1). Enfin, on peut supposer que le mari a exercé, à l'insu de sa femme ou de ses représentants, une fonction emportant hypothèque légale. Sa succession aura été constituée débitrice envers l'incapable, et après la liquidation, d'un solde de compte garanti par une hypothèque légale dispensée d'inscription pendant une année après la cessation de la tutelle.

Quel sera, dans ces diverses hypothèses, le sort de l'hypothèque légale de la femme acceptante ?

Avant d'entrer dans l'examen détaillé des difficultés soulevées par cette question, il paraît utile de rappeler quelle est la nature des droits de la femme acceptante.

Par le fait de l'acceptation, la femme devient, il est vrai, définitivement copropriétaire des biens communs ; son droit, qui avait été jusque-là soumis à une condition, se trouve consolidé ; cependant tout en étant copropriétaire, elle n'en reste pas moins créancière de ses reprises. Depuis longtemps, il a été fait justice de cette théorie, sanctionnée par notre ancienne jurisprudence, tendant à établir que la femme exerçait ses reprises à titre de propriétaire, théorie aboutissant en fait à lui accorder un véritable privilège contre tous les créanciers,

(1) Cass., 20 juillet 1869, Sirey, 1870. 1. 127.

sur tous les biens et valeurs, mobiliers et immobiliers, de la communauté. Pour M. Troplong, l'épouse avait un droit de revendication sur les valeurs tombées dans la communauté provisoirement et à titre de dépôt; si elle ne les reprenait pas *in specie*, elle les reprenait en équivalent (1). Les termes impropres de l'article 1470 du Code civil avaient pu donner lieu à cette erreur; il était inexact d'employer la même expression (*prélèvement*) pour désigner le mode d'exercice des reprises en nature et en espèces de la femme. Mais l'arrêt de la Cour de cassation du 16 janvier 1858 (2) a mis fin à cette interprétation. Aujourd'hui, il est universellement admis que l'épouse exerce ses reprises sur les biens de la communauté, à titre de créancière, en concurrence avec les autres créanciers (sauf bien entendu le bénéfice de son hypothèque légale), et cela, soit qu'elle accepte la communauté, soit qu'elle y renonce. Son droit est analogue à celui qui appartient à la communauté dissoute contre elle-même, supposé que la liquidation vienne à établir ses récompenses supérieures à ses reprises; dans cette hypothèse, la communauté n'est évidemment que créancière de l'épouse.

C'est donc à titre de créancière que la femme acceptante exerce ses reprises contre la communauté, malgré le droit de copropriété lui appartenant sur les biens qui en sont le gage, et elle peut faire abstraction de son droit de

(1) Troplong, *loc. cit.*, n° 1621. — Voir Bertauld, *loc. cit.*, n° 5, p. 9.
(2) Sirey, 1858.1.5.

copropriété vis-à-vis des tiers, chaque fois que son intérêt le lui commande. De là, on peut conclure que sur les meubles mis au lot de la femme, les créanciers de la communauté n'ont aucun droit de poursuite, puisque ces meubles lui sont *abandonnés en paiement*. Ils ne conservent que le droit de lui demander le paiement de moitié de leur créance, et celle-ci peut repousser leur demande, si elle est en mesure d'opposer son bénéfice d'émolument (art. 1483) (1).

Cela posé, il y a lieu d'examiner quelle est la force de son hypothèque légale sur les conquêts, suivant qu'ils sont tombés au lot du mari ou qu'ils sont tombés à son propre lot.

a) *Effets de l'hypothèque légale de la femme sur les immeubles conquêts tombés au lot du mari.*

La femme, même après la liquidation et le partage de la communauté, peut avoir à exercer une créance contre son mari, créance garantie par son hypothèque légale. — Peut-être aura-t-elle eu à subir l'éviction d'un immeuble qui lui avait été cédé en remploi pendant le mariage ; peut-être aura-t-elle été contrainte d'acquitter une dette dont le fardeau ne devait pas retomber entièrement sur elle ; peut-être ses héritiers et représentants auront-ils subi des poursuites de créanciers de la communauté envers lesquels elle s'était obligée, sans qu'ils eussent eu connaissance de son engagement lors de leur accepta-

(1) Conf. *suprà* p. 49, opinion de Marcadé.

tion. En un mot, il peut arriver qu'il naisse du chef de la femme contre le mari, des créances dont il n'aura pu être tenu compte lors du règlement intervenu entre les époux ou leurs représentants. Ces créances seront certainement protégées par l'hypothèque légale ; mais quelle sera la force de cette hypothèque, vis-à-vis des autres créanciers hypothécaires, sur les immeubles de la communauté tombés au lot du mari ?

Une opinion importante dans la doctrine a soutenu que, par le fait même de son acceptation, la femme est tenue à la garantie des actes consentis par le mari chef de la communauté. Elle les ratifie implicitement, elle est même censée y avoir été partie (1) ; de même qu'elle ne saurait invoquer son hypothèque sur les biens vendus par le mari, parce que son acceptation supplée au concours qu'elle aurait pu donner à l'aliénation, de même elle ne pourrait nuire, en se prévalant de la même garantie, aux droits des créanciers hypothécaires tenant leurs droits du mari seul ; son acceptation supplée à son concours.

Comme le dit M. Laurent, « quand elle accepte, elle est partie à l'acte, elle y a concouru (2) ».

De même, disent MM. Aubry et Rau, « la femme se trouve primée, en ce qui concerne les conquêts échus au lot de ce dernier, par les hypothèques acquises sur lui pendant la communauté » (3).

(1) V. p. 51.
(2) *Loc. cit.*, p. 329, n° 370.
(3) *Loc. cit.*, tome 3, § 264 *ter*, p. 226, 4e éd.

Par suite, elle devrait subir un droit de préférence au profit des créanciers hypothécaires de la communauté. Qui doit garantir ne peut évincer ; tout au plus seraitelle en droit d'opposer son droit aux créanciers chirographaires. Et encore, si l'on était logique faudrait-il reconnaître que ceux-ci ont la faculté d'invoquer cette obligation de garantie et d'évincer la femme ; on ne va cependant pas jusque là.

Telle est l'opinion de MM. Valette, Tessier, Odier, Taulier, Mourlon, Zachariæ.

Et cette théorie des effets de l'acceptation de la communauté par la femme, paraît avoir inspiré les décisions de la jurisprudence d'une manière presque constante. On peut même dire aujourd'hui que pour elle la question n'est plus douteuse ; le principe est posé comme un axiome :

« Considérant, dit un arrêt de la Cour de Paris du 6 juin 1882 (1), que les conquêts doivent donc, tant que dure la communauté, répondre du paiement des reprises de la femme pour le cas où elle viendrait à renoncer, son droit d'hypothèque devant être résolu du moment *où son acceptation l'aura rendue garante des aliénations consenties par son mari, comme administrateur et maître des affaires communes.* »

« Attendu, dit la Cour de Pau dans un arrêt du 23 juin 1884 (2) (affaire Vignalon), que si la femme accepte la

(1) Sirey, 1885.2.116.
(2) Dalloz, 1885.2.253.

communauté, elle ratifie tous les actes du mari, comme si elle y avait été présente et y avait stipulé ;... dit que la collocation ne peut donc être qu'éventuelle et *subordonnée* à l'acceptation ou à la renonciation ultérieure de la dame Pequilhain à la communauté ».

Et dès 1855, la Cour de Colmar avait posé le même principe dans des termes précis qu'il paraît intéressant de rapporter aussi textuellement :

« Considérant que le mari, administrateur légal de la communauté, en vendant ou hypothéquant les biens de cette communauté acceptée par la femme, est censé le mandataire de celle-ci : qu'il a agi, tant pour elle que pour lui-même ; qu'elle ne peut donc invoquer son hypothèque légale au détriment d'actes qu'elle est réputée avoir souscrits » ; — et auparavant : « Considérant que si la femme ou ses héritiers acceptent, l'hypothèque légale ne peut frapper que les immeubles qui, par suite du partage et de la liquidation de la communauté, sont tombés dans le lot du mari ; que dans ce cas même, l'hypothèque légale de la femme *ne peut préjudicier aux droits d'hypothèque ou autres conférés par le mari à des tiers pendant la communauté* (1) ».

En présence des autorités considérables qui admettent ce système, des décisions nombreuses de la jurisprudence qui en sont inspirées, il paraîtrait y avoir quelque témérité à le combattre.

(1) Dalloz, 1857.2.37 (1er mars 1855). — Sirey, 1856.2.577.

Et cependant ce système ne semble pas devoir être adopté :

Il n'est pas exact que la femme acceptante soit censée avoir été représentée valablement par son mari, dans les constitutions d'hypothèque par lui consenties pendant la durée de la communauté.

Il n'est pas plus exact que par son acceptation, elle entende ratifier ces actes et se porter garante de leur exécution.

Et le système que nous avons rapporté plus haut, s'il rallie la jurisprudence et de nombreux auteurs, n'est pas universellement admis.

M. Paul Pont (1) ne croit pas que par son acceptation la femme ratifie les actes consentis par son mari. Qu'elle soit censée avoir été toujours commune, c'est possible, mais elle ne renonce pas pour cela à ses droits de créancière de ses reprises, et de créancière munie d'une hypothèque opposable à tous ceux envers lesquels elle ne s'est point personnellement engagée, ou qui n'ont point obtenu sa subrogation.

Les effets de l'acceptation sont très limitativement déterminés par notre législateur : nous les avons intentionnellement rappelés au commencement de cette discussion (2). La femme acceptante a le droit de prélever ses reprises sur les biens existants et de partager avec le mari les bénéfices de la communauté, s'il en existe ;

(1) *Expl. th. et prat. du Code civil*, 3e éd., 1876. Tome 10, nos 524 et suivants.
(2) V. p. 41 et s.

elle doit d'autre part supporter la moitié des dettes de cette communauté, mais jusqu'à concurrence de son émolument, si elle a fait dresser bon et fidèle inventaire (art. 1483).

Et l'on ne voit nulle part le texte qui formule l'obligation de garantie résultant de l'acceptation de la femme.

En vertu des vrais principes, la femme acceptante qui se trouve en concours avec des créanciers hypothécaires de communauté sur les conquêts formant le lot du mari peut opposer cette défense : je suis tenue, il est vrai, des dettes de la communauté pour moitié, mais, comme tout autre créancier, j'ai le droit de réclamer le paiement de mes reprises et créances. Or, ces reprises et créances sont munies d'une hypothèque préférable à la vôtre (il faut supposer bien entendu que par leur date elles sont antérieures aux inscriptions des tiers, en vertu de l'article 2135), et je me prévaus de cette hypothèque pour réclamer mon paiement avant vous. Et si je vous prouve que, par ce paiement, je ne retire pas de biens de la communauté au delà de mon émolument, de mes droits *comme créancière*, je serai définitivement déchargée vis-à-vis de vous ; sinon, je serai votre débitrice de moitié de votre créance, et seulement jusqu'à concurrence de ce qui dépassera le montant de mes droits de créancière, de ce qui constituera autrement dit *mon bénéfice*.

Il est certainement faux de soutenir que la femme ratifie par son acceptation les actes du mari. Les actes imparfaits ou nuls seuls sont susceptibles de ratification;

or, tel n'est pas le cas des aliénations de conquêts à titre onéreux et de constitutions d'hypothèque consenties sur les immeubles communs par le chef de la communauté : la loi les autorise formellement, et la femme ne les confirme pas plus par son acceptation qu'elle ne les infirme par sa renonciation. Seulement, à côté des pouvoirs étendus que le législateur donne au mari, le même législateur accorde à la femme une garantie importante dont elle peut se prévaloir, même sur ces biens communs, et à l'encontre même des tiers, acquéreurs et créanciers hypothécaires. Est-il bien possible de croire qu'il ait entendu la priver de l'exercice de cette hypothèque, au cas bien fréquent où elle voudrait accepter la communauté ?

Il est à remarquer d'ailleurs que les immeubles de la communauté peuvent se trouver grevés hypothécairement de dettes qui n'ont pas été consenties par le mari, à proprement parler : ce sont celles qui résultent d'une décision judiciaire. Qu'à la suite d'un quasi-délit, par exemple, le mari soit condamné à verser une certaine somme à un tiers ; celui-ci pourra certainement prendre une inscription sur les conquêts en vertu du jugement prononcé à son profit. La femme ignorera peut-être cette condamnation. Que l'on soutienne le principe ou l'idée d'une ratification chez la femme acceptante des hypothèques librement, volontairement consenties par son mari, à la rigueur cela pourrait se concevoir ; mais il est difficile, impossible même de supposer une ratification des hypothèques prises malgré son mari. Et cependant, aux créanciers munis de ces hypothèques sur les conquêts de communauté, elle devrait aussi céder le pas : les partisans de la doctrine admise par la jurisprudence ne distinguent pas.

Avec M. Pont (1), M. Baudry-Lacantinerie (2) et M. Bertauld (3) nous pensons que la femme acceptante a sur les conquêts une hypothèque légale, qu'elle peut en user comme tout autre créancier hypothécaire.

Il faut cependant reconnaître que M. Baudry-Lacantinerie se montre moins affirmatif dans le *Traité de droit civil* qu'il publie actuellement avec la collaboration de M. de Loynes.

Après avoir fort bien démontré, que des articles 1483 et 1487 combinés, il résulte très nettement que la femme acceptante ne s'oblige pas personnellement envers les créanciers ou autres ayants cause tenant leurs droits du mari seul, M. Baudry-Lacantinerie ajoute :

« Ne peut-on pas répondre, dans la théorie de la jurisprudence, que la femme acceptante est tenue, en cette qualité, de respecter les droits réels régulièrement consentis par le mari, qu'en ce qui concerne les droits personnels, au contraire, elle est simplement obligée, et que l'étendue de son obligation est déterminée par la loi? (4)».

(1) *Loc. cit.*
(2) *Précis de droit civil*, t. 3, n° 1252.
(3) *Loc. cit.*
(4) *Traité de droit civil. Du nantissement, des privilèges*, etc., 1896, t. 2, p. 109.

On ne voit pas bien ce que le savant professeur veut dire par là. Sur quel principe se baserait-on pour établir une pareille distinction ? Si la femme ratifie les actes du mari ayant engagé la communauté, et se rend garante de leur exécution, les créanciers chirographaires, comme les autres, ont le droit d'invoquer la ratification et le recours en garantie. Il n'apparaît pas que l'on puisse ainsi séparer les droits réels des droits personnels. Et le fait par la jurisprudence de laisser à la femme le bénéfice de son hypothèque légale, à l'encontre des créanciers chirographaires, paraît être un argument bien puissant contre son système.

Enfin, si l'acceptation de la femme la mettait dans une situation analogue à celle où elle se trouverait, supposé qu'elle eût *concouru*, qu'elle eût *parlé aux actes* du chef de la communauté, il lui serait inutile d'avoir fait un inventaire ; elle perdrait son bénéfice d'émolument.

Nous aimons mieux croire avec M. Bertauld (1) que cette acceptation, en ce qui concerne l'hypothèque, n'a pas plus d'influence qu'elle n'en a relativement aux obligations du mari auxquelles la femme n'a point concouru. Par suite de l'acceptation, la femme s'oblige à acquitter une certaine contribution dans la dette hypothécaire comme dans la dette chirographaire de la communauté. Elle n'atteint en rien les droits des créanciers,

(1) *Loc. cit.*, p. 26.

mais elle ne sacrifie aucun des siens. Sur les meubles, elle est comme tout autre créancier auquel la loi n'accorde pas de privilège, elle vient au marc le franc; sur les immeubles, elle est créancière hypothécaire en vertu de l'article 2121, et elle peut faire valoir sa garantie contre tous, dès que la créance qu'elle invoque est, en vertu de l'article 2135, antérieure par sa date à l'inscription des créanciers hypothécaires de la communauté.

Les conséquences, découlant naturellement du système de la jurisprudence, paraîtraient assez dangereuses pour le faire rejeter. C'est ainsi que la femme mineure, devenue veuve, peut certainement, avec l'autorisation de son curateur, accepter la communauté. Or, cette acceptation la mettrait dans la même situation que si elle avait subrogé les tiers créanciers hypothécaires de la communauté dans l'effet de son hypothèque légale. Et cependant, la femme est incapable de consentir semblable subrogation, tant qu'elle n'a pas atteint sa majorité.

b) *Effets de l'hypothèque légale de la femme sur les immeubles conquêts tombés à son lot.*

L'événement du partage peut faire tomber au lot de la femme des immeubles conquêts grevés d'hypothèques profitant aux créanciers de la communauté.

Il serait évidemment impossible aux créanciers chirographaires de poursuivre, en leur seule qualité et à l'exclusion des créanciers personnels de la femme, l'expropriation de ces biens, par la raison qu'ils formaient leur gage. En effet, l'épouse en devenant seule propriétaire de ces biens, n'a peut-être fait que recevoir le paiement de ses créances, et il n'existe pas de droit de suite sur ces biens au profit des créanciers non munis d'un droit réel : ils n'auront que la faculté de réclamer, en vertu de l'article 1482, le paiement de la moitié de leur créance (sauf, il est inutile de le faire remarquer, à la femme le pouvoir d'opposer son bénéfice d'émolument). Les immeubles conquêts échus à la femme forment certainement leur gage pour cette moitié, comme d'ailleurs tous les biens lui appartenant, mais ils devront accepter le concours de ses créanciers personnels, antérieurs ou postérieurs à la dissolution de la communauté, et le droit qu'ils pourront invoquer est celui que l'article 2092 accorde au créancier sur tous les biens de son débiteur.

Il ne saurait y avoir aucune difficulté sur ce point.

Il n'en est pas de même à l'égard des créanciers hypothécaires :

Les droits réels consentis par le mari sur les conquêts doivent subsister quel que soit le sort de ces biens. L'article 1476 assimile, il est vrai, d'une manière générale pour leurs effets, les partages de communauté aux partages des successions en général, on n'en saurait conclure cependant que les hypothèques constituées par le mari, sur les immeubles échus à la femme, doivent tomber comme celles consenties par un héritier, pendant l'indivision, sur un immeuble dont il ne devient pas propriétaire exclusif, par l'effet du partage ou de la licitation. Il y a en effet une différence essentielle entre les deux situations :

L'indivision existant entre cohéritiers, suite nécessaire de l'ouverture d'une succession, n'est qu'un état transitoire. Notre législateur, en édictant le principe du caractère déclaratif du partage, a peut-être eu la pensée que les conséquences de ce principe pousseraient les héritiers à sortir d'une situation incommode et plutôt nuisible à leur crédit. La crainte de voir les droits réels consentis par un héritier sur un immeuble indivis, être résolus par l'effet d'un partage, n'est point de nature à rassurer les tiers, et à les amener à accepter en garantie la constitution de droits aussi fragiles.

La communauté crée bien, elle aussi, une indivision entre les époux, mais c'est une indivision voulue et favorisée par la loi qui la suppose de plein droit, à défaut de conventions contraires exprimées par les conjoints dans un contrat de mariage. Au lieu des menaces de mort édictées contre les droits consentis sur les immeubles de la succession par un héritier indivis, pour le cas où un partage ou une licitation ne le rendrait pas propriétaire définitif de ces biens, la loi a conféré au mari, principal intéressé à la bonne administration et à la prospérité de cette masse de biens indivis qu'on appelle la communauté, les pouvoirs précis et très étendus des articles 1421 et suivants, et il n'est pas possible de croire qu'elle ait voulu soumettre l'efficacité des constitutions d'hypothèque à l'événement d'un partage avec la femme.

Et pour maintenir l'efficacité de ces constitutions de droits réels, il n'est pas non plus nécessaire d'avoir recours au système de la ratification supposée à la femme acceptante. On a vu plus haut ce qu'il fallait penser de cet argument de la ratification implicite résultant de l'acceptation. Cette idée, émise par M. Baudry-Lacantinerie dans son *Précis de droit civil* (1), ne paraît pas être conciliable avec l'opinion soutenue dans le même ouvrage concernant l'effet général de l'hypothèque légale de la femme sur les immeubles de communauté, opinion rapportée plus haut.

Enfin, il n'est pas non plus besoin de supposer exacte la doctrine de la personnalité morale de la communauté; la question ne saurait présenter de doute pour les partisans de cette dernière doctrine. Les hypothèques ayant été consenties valablement avant l'époque à laquelle rétroagit l'indivision, il n'y a point de difficulté pour reconnaître et sanctionner le droit de suite sur des biens qui sont censés appartenir à la femme depuis une époque postérieure à leur constitution.

Rappelons également qu'à l'époque où l'article 1476 a été formulé, il n'avait pas encore été question du système hypothécaire.

Ceci admis, supposé qu'un créancier hypothécaire vienne à exécuter le gage qui est actuellement aux mains de la femme attributaire en vertu du partage, celle-ci, après avoir subi l'éviction de son immeuble, pourra-t-elle invoquer son hypothèque légale à l'effet de se faire

(1) T. 3, n° 225 *bis*.

colloquer à concurrence des créances, qui sont antérieures par leur date à l'inscription des créanciers hypothécaires ?

M. Colmet de Santerre paraît admettre la négative (1) : « Pour les immeubles, dit-il, tombés au lot de la femme, ils ne sont pas grevés de l'hypothèque légale, puisqu'ils sont censés n'avoir jamais appartenu au mari. Cette observation a son importance, car il serait intéressant pour la femme d'avoir hypothèque sur l'immeuble qui lui advient par l'effet du partage, si cet immeuble avait été hypothéqué par le mari, et si elle pouvait faire valoir une hypothèque légale à laquelle l'article 2135 attribuerait un rang préférable à celui de l'hypothèque, née du chef du mari au profit d'un tiers ».

Au fond, M. Colmet de Santerre invoque l'idée que l'on ne saurait avoir d'hypothèque sur sa propre chose. Celui qui a sur un immeuble l'entier *dominium* ne peut être envisagé comme possédant, sur le même bien, un droit d'hypothèque qui est en quelque sorte un démembrement de la propriété.

« Les conquêts qui, par suite du partage de la communauté, disent MM. Aubry et Rau (2), ont été attribués à la femme, doivent être considérés comme n'ayant jamais été grevés de son hypothèque légale ».

Et comme conséquence, les mêmes auteurs concluent que « les créanciers subrogés ne peuvent faire valoir sur

(1) *Loc. cit.*, t. 9, p. 150, n° 81 *bis*, VII.
(2) *Loc. cit.*, p. 228, t. 3. — *Sic* : Laurent, t. 30, n° 369.

les dits biens aucun droit d'hypothèque au préjudice de ses autres créanciers ou des tiers détenteurs ».

A l'appui de ce système, MM. Aubry et Rau citent un arrêt de rejet du 1er août 1848 (1) rendu dans des circonstances intéressantes à rapporter :

Un sieur Dufour avait emprunté d'un sieur Duhoullay une somme de 40.000 francs, et la dame Dufour, intervenue à l'acte d'emprunt, avait subrogé le prêteur dans son hypothèque légale, tout en donnant son concours solidaire. Survient le décès de Dufour, laissant comme tout actif un immeuble de communauté. La veuve Dufour emprunte d'une dame Beuzelin pour son compte et pour celui de ses enfants mineurs, héritiers de leur père, une somme de 30.000 francs, avec affectation hypothécaire de l'immeuble conquêt. Puis elle décède et dans la liquidation, il est fait attribution de l'immeuble aux mineurs Dufour pour les désintéresser des reprises de leur mère. La dame Beuzelin poursuit l'expropriation de l'immeuble et demande sa collocation sur le prix. Le sieur Duhoullay intervient et réclame sa collocation, avant la dame Beuzelin, à la date de l'hypothèque légale de la dame Dufour dans l'effet de laquelle il a été régulièrement subrogé.

Le Tribunal de Louviers rejeta la prétention de Duhoullay, arguant que lors de sa dissolution, la communauté ne comprend plus que les biens restant après les

(1) Sirey, 1848. 1. 727 ; Cass., 1er août 1848.

prélèvements opérés par les époux (art. 1470 et 1471), que les prélèvements faits par les mineurs Dufour, du chef de leur mère, l'étaient *à titre de propriétaire*; que par suite ils étaient censés propriétaires de l'immeuble *ab initio*, que cet immeuble n'avait jamais été grevé de l'hypothèque légale de la dame Dufour, que par suite la subrogation consentie par la dame Dufour, et invoquée par Duhoullay, portait sur un immeuble n'ayant jamais été grevé du droit réel dans lequel il avait été subrogé.

Et cette solution, après avoir été confirmée par arrêt de la Cour de Rouen (10 juillet 1845), reçut la sanction suprême de la Cour de cassation qui décida que la femme « ne peut avoir hypothèque sur ses propres biens, et que les créanciers qu'elle aurait subrogés dans son hypothèque légale ne peuvent avoir plus de droits qu'elle-même ».

Le sieur Duhoullay se trouvait par suite réduit à un recours purement personnel contre la succession bénéficiaire de la dame Dufour, à cause de l'engagement solidaire de celle-ci.

L'argument présenté par les auteurs cités, et invoqué par l'arrêt de la Cour suprême, n'est pas péremptoire :

Que la femme ne soit pas créancière hypothécaire sur l'immeuble dont elle est actuellement paisible propriétaire, il serait illusoire de le contester ; mais, dès que son droit de propriétaire est menacé, dès qu'elle subit une éviction, que son immeuble, à la suite d'une expropriation ou de son délaissement, est passé aux mains d'un tiers, son droit de créancière munie d'une hypothèque légale ne renaît-il pas?

L'acquéreur qui a employé le prix de son acquisition au paiement des créances auxquelles l'héritage était hypothéqué, est bien de plein droit subrogé à l'hypothèque de ces créances (article 1251, n° 3), pour la faire valoir au cas où il serait inquiété par un autre créancier inscrit ; et cependant il est certainement propriétaire.

Le même acquéreur qui, avant son acquisition, était créancier nanti sur l'immeuble d'un droit d'hypothèque, reprend également ce droit après le délaissement ou l'expropriation forcée poursuivie contre lui (art. 2177).

Il ne paraît pas possible de ne pas reconnaître à la femme le même bénéfice ; rappelons qu'avant d'être propriétaire du conquêt discuté, elle a eu sur lui un droit d'hypothèque pour sûreté de ses créances (1) ; son droit de créancière hypothécaire s'est éteint du jour où elle est devenue propriétaire, mais il *renaît*, pour employer l'expression même de nos Codes (art. 2177), quand sa propriété lui a été enlevée.

L'article 883, comme le font excellemment observer MM. Aubry et Rau, ne saurait s'appliquer qu'aux objets tombés dans le lot de chacun des copartageants par l'effet du partage ; « et il est évident que les objets prélevés par les époux, pour se remplir de leurs reprises, ne font point partie de leurs lots de communauté ».

(1) Conf. *suprà*, p. 58 et s.

Les prélèvements exercés en vertu de l'article 1471 constituent bien moins des actes ou faits du partage, que des opérations préliminaires au partage et nécessaires pour déterminer la consistance de la masse à partager (1) ».

Et la conclusion que ces auteurs tirent de l'arrêt précité du 1er août 1848 serait logique, s'ils admettaient, avec la jurisprudence antérieure à 1858, que la femme exerce ses prélèvements à titre de propriétaire; mais aujourd'hui, il est universellement admis que c'est à titre de créancière que ces prélèvements sont opérés ; telle est d'ailleurs bien aussi l'opinion de MM. Aubry et Rau (*loc. cit.*).

Si la question fût venue devant la Cour suprême après l'arrêt de 1858, peut-être sa décision eût-elle été entièrement différente : peut-être aurait-elle considéré que l'immeuble abandonné aux mineurs Dufour, pour les remplir du montant des reprises de leur mère, était la représentation exacte, l'*objet donné en paiement de ces reprises* qui avaient été transportées en nantissement, en garantie du montant de l'emprunt ; que par suite de l'éviction résultant des poursuites de la dame Beuzelin, la créance des mineurs renaissait munie d'une hypothèque légale, transportée et cédée au prêteur primitif des 40.000 francs, et par lui valablement conservée.

Aussi, en se plaçant sur le terrain des véritables prin-

(1) MM. Aubry et Rau, *loc. cit.*, t. 5, n° 511, note 13.

cipes, il paraît bien difficile de dénier à la femme son droit d'hypothèque sur l'immeuble dont elle est évincée, pour sûreté des reprises et créances dont elle ne se trouve plus désintéressée.

Mais quel sera le rang qui devra lui être accordé à l'encontre des créanciers hypothécaires ? Pourra-t-elle, le cas échéant, leur opposer l'article 2135, ou bien devra-t-elle leur céder le pas, et ne bénéficier de son droit qu'à l'encontre des créanciers chirographaires ?

Dans un jugement rendu le 10 mai 1867, le Tribunal de première instance de la Seine reconnut à une femme le droit d'invoquer, sur l'immeuble dont elle avait été évincée, le droit de se faire colloquer au rang de son hypothèque légale au préjudice des créanciers hypothécaires de la communauté.

Voici dans quelles circonstances fut rendu ce jugement :

Une dame Flan avait accepté la communauté, après avoir obtenu sa séparation de biens. En paiement de ses reprises, le mari lui avait abandonné une maison dépendant de la communauté. A la requête de la dame Tavernier, créancière inscrite, l'immeuble fut mis en vente sur publications volontaires. Dans l'ordre ouvert, la dame Flan produisit, invoquant son hypothèque légale, pour avoir paiement de ses reprises dont elle ne se trouvait plus désintéressée par suite de l'éviction subie. De son côté, la dame Tavernier produisit pour le montant de sa créance hypothécaire, en réclamant sa collocation avant celle de la dame Flan, prétendant que celle-ci, ayant accepté la communauté, n'avait point d'hypothèque légale sur les conquêts en faisant partie, et que d'ailleurs son hypothèque légale était éteinte, par suite de la confusion faite de la propriété et de l'hypothèque en la personne de la dame Flan.

Le Tribunal, après avoir retorqué ce dernier argument en invoquant l'article 2177, repoussa entièrement les prétentions de la dame Tavernier.

Attendu, dit-il,

Sur le moyen tiré de la déchéance de l'hypothèque légale par suite d'acceptation de la communauté;

En fait, attendu qu'aux termes de son contrat de mariage, la femme Flan avait réalisé ses apports mobiliers, présents et futurs, sauf une somme de 3.000 francs, laquelle est seule tombée en communauté ;

Que sa collocation au règlement provisoire représente le montant de ses créances contre la communauté, déduction faite de sa mise en communauté ;

Que la communauté donne un déficit de 52.794 fr. 31;

Attendu que la femme Flan a fait un inventaire régulier ;

Qu'elle ne retire aucune somme à titre de femme commune et copartageante, et qu'elle n'agit qu'en qualité de créancière de ses reprises ;

En droit :

Attendu que la femme qui accepte la communauté et qui a fait régulièrement inventaire, n'est tenue des dettes, à moins d'obligation solidaire et personnelle, que jusqu'à concurrence de son émolument, aux termes de l'article 1483 du Code Napoléon ;

Attendu que, par son acceptation, la femme ne peut critiquer les droits et aliénation consentis par son mari, ne doit contester ni son administration, ni la validité de ses actes ; ne peut retirer sa mise sociale avant l'entier acquittement des dettes de la communauté ;

Mais, attendu qu'à côté de ces obligations, les articles 1470 et suivants du Code Napoléon donnent à la femme les droits contre la communauté débitrice de ses reprises et autres créances matrimoniales ;

Qu'à cette qualité, elle peut agir chirographairement sur les valeurs mobilières et *hypothécairement sur les immeubles de la communauté* ;

Que, dès lors, la femme Flan est fondée à faire valoir ses droits à l'égard des tiers créanciers dans les conditions et *avec le rang que la loi leur attribue.*

Etc...

En conséquence, déclare la femme Tavernier mal fondée en ses demandes, fins et conclusions tendant à être colloquée antérieurement à la femme Flan (1) ».

Et le système admis par le Tribunal de la Seine, dans le jugement qui vient d'être rapporté, paraissait trouver un point d'appui très solide dans un jugement rendu par le Tribunal civil de Dieppe dès le 18 août 1842 dont

(1) Dalloz, 1869.2.161.

il importe de citer aussi le principal considérant, qui résume en termes très précis les obligations dont est tenue la femme qui a fait inventaire :

« Considérant que, d'après l'article 1483, la femme qui accepte la communauté n'est tenue, même à l'égard des créanciers, que jusqu'à concurrence de son émolument ; qu'elle ne contracte donc aucune obligation personnelle envers la communauté ; que la loi n'a pas voulu qu'elle fût victime d'une appréciation erronée qu'elle aurait pu faire de l'état de la communauté, qu'elle conserve comme l'héritier bénéficiaire le droit de réclamer ses créances personnelles (1) ».

Les conclusions du Tribunal de Dieppe furent confirmées par arrêt de rejet de la Cour suprême, mais cet arrêt paraît s'être appuyé surtout sur ce que la femme était soumise au régime dotal, et que ses enfants n'avaient pu aboutir à l'aliénation de sa dot mobilière par le seul fait de l'acceptation de la société d'acquêts. — Nous aurons à examiner plus loin cette dernière théorie.

L'arrêt de la Cour de Paris rendu le 15 juin 1868 dans l'affaire Tavernier, et confirmant le jugement du Tribunal de la Seine qui avait donné raison à la veuve invoquant son hypothèque légale, ne put former un précédent dans la jurisprudence, et la faire revenir sur le système contraire à celle qu'elle avait admis, jusqu'à cette époque, d'une manière presque constante.

Dans la *Revue critique de législation et de jurispru-*

(1) Dalloz, 1847.1.299. — Sirey, 1847.1.493. Affaire Chouquet c. Mutrel.

dence (1) M. Flandin cherche à réfuter les motifs énoncés dans cet arrêt. Devant M. Flandin, partisan de la personnalité civile de la communauté, une pareille décision ne devait pas trouver grâce : quand la femme accepte la communauté, dit-il, il y a à côté des « époux un être moral, qui a son individualité propre, etc... ».

Mais, même pour les adversaires de cette dernière théorie, M. Flandin ne croyait pas que les conclusions de l'arrêt fussent acceptables. — D'après lui, il faudrait dire que les biens de la communauté, tant qu'elle dure, sont la propriété commune du mari et de la femme ; quand le partage a été dressé, on sait quels sont les biens qui sont la propriété exclusive de la femme et quels sont ceux qui sont la propriété du mari, ces derniers seuls seraient soumis à l'hypothèque de la femme (art. 2121).

On a vu plus haut ce qu'il fallait penser de cette extinction absolue et définitive de l'hypothèque légale de la femme, sur l'immeuble qui lui est acquis par l'effet du partage.

Il est cependant certain que, comme conséquence logique du système actuellement admis sur les suites de l'acceptation de la femme, celle-ci doit laisser les créanciers hypothécaires réclamer leur collocation par préférence à elle-même : elle est garante des hypothèques que son mari a consenties ; elle les ratifie, le chef de la communauté a parlé tant pour elle-même qu'en son propre nom.

(1) T. 33, 1868, p. 481.

Les raisons qui peuvent faire douter de l'exactitude de cette doctrine ont été exposées plus haut, lors de l'étude des effets de l'hypothèque sur les biens tombés au lot du mari, nous ne les rappellerons donc pas.

A ces raisons on peut ajouter l'autorité de notre ancien droit.

L'article 228 de la nouvelle coutume de Paris, sanctionnant l'ancienne jurisprudence, décidait que :

« Le mari ne peut, par contract et obligation faite devant et durant le mariage, obliger sa femme sans son consentement et plus avant que jusqu'à la concurrence de ce qu'elle ou ses héritiers amendent de la communauté, pourvu toutefois qu'après le décès de l'un des conjoints, soit fait loyal inventaire et qu'il n'y ait faute ou fraude de la part de la femme ou de ses héritiers ».

Et beaucoup de nos anciens auteurs paraissent soutenir également que, même en cas d'acceptation, la femme conserve son droit intégral sur les conquêts :

Bacquet déclare que « bien qu'il ait la libre disposition des conquests, le mary ayant par son contrat de mariage, obligé tous ses biens au paiement des douaires et conventions matrimoniales de sa femme, il ne peut aliéner les conquests » non plus que ses propres et acquêts, sans le droit d'hypothèque créé à sa femme. « Autrement, ajoute-t-il, la femme serait de pire condition que les autres créanciers (1).

Bourjon reconnaît « qu'en accordant à la femme son

(1) *Traité des droits de justice*, ch. XV, nº 42, t. I, p. 121, édition 1744.

hypothèque sur les conquêts, ce n'est pas affaiblir la puissance du mari, cette puissance ne s'entendant que relativement aux droits de la femme sur la communauté, non par rapport à ses autres droits et créances ; soutenir le contraire, d'après lui, « c'est ajouter à la coutume et changer sa disposition (1) ».

Enfin Pothier, lui-même, Pothier dont les rédacteurs du Code se sont si souvent inspirés, écrit « sur la demande qu'un créancier hypothécaire a donnée contre la femme comme détentrice des conquêts qui lui sont hypothéqués, la femme doit les lui délaisser ».

« Si la femme avait acquitté auparavant des dettes dont l'hypothèque fût préférable à celle du demandeur, quand même, en les acquittant, elle n'aurait pas eu la précaution de s'y faire subroger, le demandeur serait obligé de lui en faire raison...

« Et il doit lui faire raison, non seulement de ce qu'elle a payé à des tiers dont l'hypothèque était antérieure à celle du demandeur, mais de ce qu'elle s'est payé à elle-même pour ses créances contre la communauté, pour lesquelles elle a hypothèque du jour de son contrat de mariage antérieure à celle du demandeur (2) ».

Prévot de la Jannès, son collègue au présidial de Poitiers, avait dit avant lui que le créancier hypothécaire pourrait toujours agir hypothécairement contre la femme,

(1) *Le Droit commun de la France*, tit. X, 7e partie, sect. X, no 136, t. I, p. 671, éd. 1770.

(2) *Traité de la communauté*, nos 756 et 757.

détentrice des conquêts, « à moins que celle-ci, soit de son chef, soit du chef des créanciers par elle payés, ne fût antérieure en hypothèque à ce créancier, pour des sommes surpassant la valeur des conquêts par elle possédés » (1).

Aux arguments présentés plus haut, ajoutons des raisons de fait qui portent à douter de l'exactitude du système admis sur notre question.

Il doit paraître bien grave, en législation pure, de faire produire au simple fait de l'acceptation par la femme de la communauté des conséquences aussi funestes. Il s'agit, il est vrai, d'une femme qui a dû faire dresser dans les délais légaux l'inventaire prescrit par notre article 1483, qui par suite est censée être à même de connaître la situation exacte de son mari et de la communauté. Mais, dans la pratique, chacun sait que l'inventaire ainsi établi, la femme y aurait-elle inséré les déclarations les plus complètes à sa connaissance, peut parfois présenter de nombreuses lacunes. Le mari qui n'a pas demandé à sa femme son concours à l'acte contenant constitution d'hypothèque avait souvent l'intention de lui dissimuler son emprunt, de cacher une situation obérée. La ruine peut se découvrir longtemps après la clôture de l'inventaire. Et la femme qui *dans un acte sous seing privé*, c'est-à-dire sans la présence et l'avis d'un officier ministériel capable de la renseigner, aura pris la qualité de commune sur le vu d'une situation apparemment brillante,

(1) *Principes de la jurisp. franç.*, éd. 1759, t. II, titre 5, section 4, n° 357, p. 70 et 71.

sera dans la même situation que, si au cours du mariage, *dans un acte authentique*, elle avait subrogé les créanciers hypothécaires dans l'effet de son hypothèque légale. Le jugement du Tribunal de Dieppe que nous avons cité (p. 81) paraît avoir pris cette raison en considération pour adopter notre système.

La renonciation à la communauté est une mesure peu honorable pour la mémoire du mari, aussi notre législateur, en prescrivant à la femme de faire inventaire et en lui accordant le bénéfice de l'article 1483, a-t-il voulu lui ménager des droits analogues à ceux de l'héritier bénéficiaire, augmentés toutefois de la garantie de l'hypothèque légale.

Et si cette acceptation valait ratification et obligation de garantir les actes du chef de la communauté, on ne voit pas comment cette ratification et cette garantie ne compromettraient pas les droits de la femme sur les immeubles composant le patrimoine propre du mari comme sur les biens de communauté. M. Flandin l'a si bien senti, dans l'étude très documentée qu'il a fait paraître dans la *Revue critique* (1), qu'il est bien obligé de reconnaître à la communauté une personnalité morale et de déclarer, avec M. Troplong, que dans l'état transitoire où la communauté est dissoute de droit et où elle n'est pas encore partagée, elle subsiste encore pour la liquidation.

(1) *Loc. cit.*, p. 494.

Enfin, observons que le mari ayant laissé la communauté dans une situation obérée, il peut encore être plus avantageux, même pour les créanciers, de voir la femme accepter la communauté, tout en lui laissant le bénéfice de son hypothèque légale, que d'obtenir sa renonciation. Prenons un exemple : l'actif de communauté comprend un immeuble valant 100.000 francs, le passif tout hypothécaire est de 150.000 francs ; en outre la femme a des reprises qui sont de 50.000 francs représentant le montant de son apport en mariage garanti par une hypothèque antérieure aux inscriptions garantissant les 150.000 francs de passif. Les héritiers du mari sont au 10e degré.

Si la femme renonce à la communauté, elle exercera certainement sa créance de 50.000 francs par suite de son rang, la question n'est pas douteuse ; mais l'actif successoral du mari sera grevé d'une somme de 11.250 fr., droits de mutation dus à l'État au taux de 11 fr. 25 0/0, décimes compris et exigibles sur l'actif brut de la succession. En effet les héritiers, en présence de cette situation obérée, auront certainement accepté la succession sous bénéfice d'inventaire, et une pratique, aussi juste que constante, sanctionnée d'ailleurs par la jurisprudence (1), veut que ces droits soient considérés comme frais acquittés dans l'intérêt de la succession.

La femme accepte-t-elle au contraire ? Le passif ne se

(1) Defrenois, *Traité de liquid. et part.*, I, n° 608. — Caen, 10 mars 1884, D. 1885.2.9. — Trib. de Sens, 20 mars 1885.

déduisant pas, au point de vue fiscal, nous aurons la situation suivante :

De l'actif brut 100.000 francs, on déduira pour le calcul des droits les reprises de la femme à titre de prélèvement, soit 50.000 francs. Restera, fiscalement parlant, 50.000 fr. d'actif net de communauté dont moitié pour la femme 25.000 francs, à titre de copartageante. Le droit de 11 fr. 25 0/0 sera perçu sur un actif de 25.000 francs et s'élèvera seulement à 2.812 fr. 50.

L'intérêt évident des créanciers hypothécaires n'est-il pas d'obtenir l'acceptation de la femme?

N'insistons cependant pas outre mesure sur cette considération qui est toute de fait. Outre que ce n'est peut-être que par une tolérance inspirée par l'équité que la pratique et les tendances prétoriennes admettent au passif des successions le montant des droits de mutation, charge imposée aux héritiers *personnellement*, même s'ils ont accepté seulement sous bénéfice d'inventaire, cette considération perdra son importance si, comme il faut l'espérer, le Sénat admet dans la loi de finances, actuellement soumise à son examen, le principe de la déduction du passif dûment justifié dans les déclarations de succession.

Notre conclusion est que la femme acceptante qui a fait inventaire ne compromet en rien, par son acceptation, ni son droit de créance contre son mari, ni les garanties que la loi lui a données pour sûreté de cette créance, que par suite son hypothèque légale sur les conquêts reste entière, les immeubles auraient-ils été aliénés par le mari, ou auraient-ils été l'objet de constitutions d'hypothèque. Les effets de l'acceptation sont explicitement et limitativement indiqués par le législateur, nulle part il n'a été dit dans nos Codes que la femme ratifie et se rend garante de son mari ; son droit reste intact sur les immeubles communs comme sur les propres du mari.

L'étude qui précède nous dictera quelle solution il convient de donner aux difficultés pouvant surgir, sur le sort de l'hypothèque légale, pendant la période séparant la dissolution de la communauté du partage à intervenir entre les époux.

L'indivision peut durer des années ; supposé que, pendant les opérations du partage, un créancier hypothécaire vienne à exproprier un conquêt et qu'un ordre soit ouvert sur le prix.

D'après la jurisprudence et l'opinion de beaucoup d'auteurs, il faudrait décider que, si elle a droit à une collocation éventuelle pour le montant de ses reprises non encore définitivement liquidées, la femme ne saurait l'obtenir que postérieurement aux créanciers hypothécaires de la communauté. Elle est garante vis-à-vis d'eux de l'effet des droits qui leur ont été consentis par son mari. Elle viendrait seulement par préférence aux créanciers chirographaires de la communauté.

Et les droits des créanciers qu'elle aurait subrogés seraient les mêmes.

Dans l'arrêt de la Cour de Colmar du 1er mars 1855 déjà cité (1), nous voyons que l'hypothèque de la femme sur les conquêts ne peut recevoir son effet tant que le partage n'a pas déterminé quelle part revient au mari dans les immeubles de communauté, cette part seule pouvant en être grevée; et la Cour décide que ce partage peut être demandé par les tiers subrogés par la femme, mais non quand la cause est en appel et que l'immeuble grevé a été l'objet d'une saisie; enfin que, même sur la part du mari, les créanciers subrogés à l'hypothèque de la femme peuvent faire valoir le bénéfice de leur cession, mais seulement en respectant le droit des créanciers hypothécaires de la communauté. Ils ne pourraient donc venir que par préférence aux créanciers ayant obtenu une hypothèque seulement depuis la dissolution de la communauté, et à ceux de la communauté non munis de droits réels.

C'est la conséquence logique des principes qui inspirent les décisions de la jurisprudence sur notre matière.

Il est inutile d'ajouter que, d'après le système de M. Pont, de M. Baudry-Lacantinerie et de M. Bertauld, il faudrait décider que, même pendant la période d'indivision, la femme ou ses ayants droit devraient obtenir

(1) V. p. 63.— Sirey, 1856.2.577; Dalloz, 1857.2.37.

sur le prix des conquêts aliénés une collocation éventuelle, dont l'effet ne deviendrait définitif qu'après l'achèvement de la liquidation, au même rang que s'il s'agissait de la distribution du prix d'un propre du mari.

A l'aide des principes ci-dessus posés, nous devrons également trouver la solution de problèmes que peut soulever la pratique, et qui viennent du concours des créanciers munis d'hypothèque générale, antérieure au mariage, avec l'hypothèque légale de la femme.

La difficulté sera évitée si, par un contrat de mariage, les époux ont stipulé « qu'ils ne seraient pas tenus des dettes et hypothèques l'un de l'autre antérieures à la célébration de leur mariage, non plus que de celles grevant les biens et droits qui leur écherraient à titre gratuit pendant la communauté, ces dettes et hypothèques devant rester personnelles à celui des époux qui les aurait contractées, ou du chef duquel elles seraient provenues, sans que l'autre époux, ses biens personnels, ni *sa part dans la communauté* en pussent être nullement tenus ni chargés ». C'est là une formule de style dans les contrats qui ont pour base le régime de la communauté : c'est l'essence même de la réduction aux acquêts.

Si les époux n'ont pas fait de contrat, ou encore s'ils se sont volontairement soumis au régime de la communauté légale, tel qu'il est établi par le Code civil, leurs dettes mobilières tombent nécessairement à la charge de la communauté ; supposé que leurs créanciers personnels se soient munis d'un titre exécutoire en vertu duquel ils aient pris une inscription sur leurs biens présents et à venir, quel sera l'effet de cette inscription au point de vue de l'hypothèque légale de la femme en tant qu'elle portera sur les conquêts ?

Si c'est le mari qui est débiteur en vertu d'un titre emportant hypothèque générale antérieure au mariage ; dans ce cas, si un ordre est ouvert sur le prix d'un conquêt, il faut admettre que l'hypothèque légale de la femme sera primée. En effet, toute dette du mari est dette de la communauté, celle-ci s'incarne pour ainsi dire avec son gérant. — Si le partage des conquêts était opéré, il y aurait peut-être lieu de distinguer entre les immeubles tombés au lot du mari et ceux tombés au lot de la femme : ceux-ci étant censés appartenir à la femme *ab initio*, c'est-à-dire du jour de leur entrée dans la communauté, ne seraient peut-être pas grevés des dettes du mari antérieures à la communauté — Qu'ils soient tenus des dettes hypothécaires que le mari a consenties pendant la communauté, cela vient de ce qu'il avait le droit de grever et d'hypothéquer les conquêts en vertu de l'article 2121, et la femme doit respecter (non garantir, comme le dit à tort la jurisprudence), les actes consentis par le chef de la communauté, malgré l'effet déclaratif du partage. Il y a là une nuance intéressante à signaler, qui permettrait de décider que la femme acceptante, tenue pour moitié de la dette du mari devenue dette de communauté, sauf son bénéfice d'émolument, n'en serait peut-être pas tenue hypothécairement sur les conquêts à elle attribués.

Quant aux dettes personnelles de la femme tombées à la charge de la communauté, elles ne seront certainement pas conservées par une hypothèque sur les immeubles communs, quand même les créanciers auraient obtenu une hypothèque judiciaire contre la femme. La personne de la femme, au point de vue des biens, ne s'incorpore pas avec la communauté comme celle du mari, et il n'est pas vrai de dire que toute dette de la femme est dette de la communauté, au même titre que la dette du mari : l'hypothèque judiciaire ne grèvera que les conquêts tombés au lot de la femme après le partage et seulement à compter du jour où aura commencé la propriété exclusive de la femme. Les créanciers personnels ne sauraient invoquer dans ce cas l'article 883 pour faire rétroagir la date de leur droit réel sur le conquêt au jour où celui-ci a été compris dans la communauté des époux. Les ayants cause de la femme ne peuvent avoir plus de droit qu'elle-même ; or, la femme ne pouvait constituer d'hypothèque sur les conquêts avant d'en être propriétaire exclusive. Ils devront donc respecter les constitutions d'hypothèques consenties par le mari pendant la communauté.

Ce que nous venons de dire ne mettrait pas obstacle à l'exercice du droit, appartenant à ces mêmes créanciers, de poursuivre le recouvrement de leurs créances sur tous les biens de la communauté, mais ils ne pourraient le faire qu'au titre purement chirographaire.

APPENDICE

Dans les hypothèses précédemment étudiées, on a considéré que la femme avait conservé toute sa capacité, que soumise au régime de la communauté légale ou conventionnelle, son contrat de mariage n'avait porté aucune atteinte à son droit de s'obliger sur ses biens apportés en mariage et composant sa dot, d'aliéner ses meubles et ses immeubles, de renoncer aux garanties lui assurant la restitution de sa fortune par son mari.

Supposé que par son contrat la femme ait vu restreindre ou disparaître sa capacité civile, les effets de son hypothèque légale sur les conquêts seront-ils les mêmes? Il paraît intéressant de le rechercher, et nous examinerons si ces effets devront différer d'avec ceux précédemment reconnus, supposé que la femme se soit soumise au régime dotal et qu'il ait été adjoint une société d'acquêts à ce régime.

La femme dotale a certainement une hypothèque légale sur les immeubles de la société d'acquêts, de même que le mari a le pouvoir de disposer de ces biens avec la même étendue que s'il s'agissait de biens de communauté. Ce qui diffère, c'est que la femme ne peut renoncer à la garantie lui appartenant sur ces immeubles. Incapable d'aliéner sa fortune immobilière et même, d'après le système constamment suivi en jurisprudence, sa fortune mobilière, elle ne saurait céder à des tiers les droits en garantissant la restitution lors de la dissolution du mariage, une telle cession pouvant compromettre cette restitution.

Distinguons suivant que la société d'acquêts existe encore ou qu'elle est dissoute :

La société d'acquêts existe encore:

La femme dans ce cas doit certainement pouvoir obtenir une collocation, au moins éventuelle, sur le prix d'un immeuble de société d'acquêts qui serait mis en distribution.

Et supposé qu'elle eût cédé son hypothèque légale à un tiers, le mari, maître des actions de sa femme, devrait faire tenir cette cession pour nulle et non avenue. Elle devrait donc être colloquée à l'encontre des créanciers qu'elle aurait subrogés dans l'effet de son hypothèque légale.

Nous avons dit que sa collocation aurait un caractère éventuel et provisoire, car le montant de ses créances ne pourrait être actuellement déterminé. Dans le système de la jurisprudence, ce caractère devrait lui être en outre attribué, parce qu'elle serait soumise au parti que la femme pourrait prendre lors de la dissolution du mariage ou de la société d'acquêts : nous retrouverons la question plus loin.

La société d'acquêts est dissoute.

La femme dotale, lors de la dissolution de la société d'acquêts, de même que la femme commune, a le droit d'accepter ou de renoncer.

Elle renonce :

Les effets de la renonciation de la femme sont les mêmes que ceux constatés plus haut (1) et reconnus à la femme commune. Elle demeure définitivement étrangère à la société d'acquêts, et reste seulement créancière du mari, sauf bien entendu l'exercice de ses reprises en nature. Ses créances sont garanties par l'hypothèque légale frappant tant les immeubles propres du mari que ceux devenus sa propriété exclusive par le fait de la renonciation, et qui faisaient partie de la société d'acquêts dissoute, avec dates variant conformément à l'article 2135 du Code civil. Il est à peine besoin d'ajouter que, dans cette hypothèse, la garantie réelle donnée à la femme produit son effet absolu à son profit exclusif, puisqu'elle n'a pu la compromettre par des renonciations ou cessions qu'elle était incapable de consentir : elle atteint même les conquêts aliénés par le mari, et sur lesquels l'acquéreur imprudent n'aurait point rempli les formalités prescrites par l'article 2194 et suivants du Code civil.

Elle accepte :

a) Si la dissolution de la société d'acquêts est la con-

(1) Voir p. 41 et s.

séquence de la séparation de biens prononcée en justice, la femme ne reprend point sa capacité civile. Sa dot demeure toujours inaliénable, et aucun acte ne saurait atteindre les garanties destinées à assurer la restitution de ses biens et le paiement de ses créances.

Il ne saurait y avoir de difficulté sur ce point.

b) Si, au contraire, elle est la suite du décès d'un des conjoints, ou du divorce, ou encore de la séparation de corps (loi du 6 février 1893), dans le système de la jurisprudence qui reconnaît à l'acceptation de la femme commune les effets d'une ratification et d'une obligation de garantie, on devrait décider que la femme ne peut se prévaloir de son hypothèque légale sur les conquêts à l'encontre des tiers acquéreurs ou des créanciers hypothécaires du mari.

Et cependant MM. Aubry et Rau, partisans de l'opinion de la jurisprudence, n'admettent pas entièrement cette dernière solution :

Suivant les circonstances, disent-ils (1), la femme acceptant la société d'acquêts pourra être considérée comme n'ayant pas eu l'intention de renoncer à faire valoir, sur les immeubles de la société d'acquêts, l'hypothèque légale destinée à assurer ses reprises dotales, même au détriment des créanciers envers lesquels elle s'est engagée. Les renonciations, ajoutent-ils, ne se présument pas, et il pourrait se présenter des circons-

(1) *Loc. cit.*, t. 5, n° 541 *bis*, notes 7 et 9.

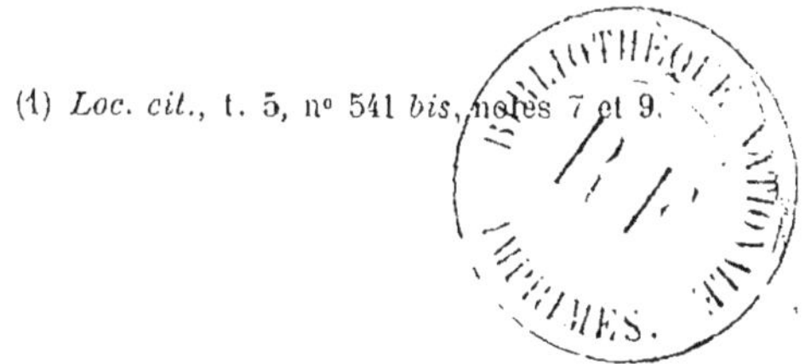

tances telles qu'il ne fût plus permis de considérer l'acceptation de la société d'acquêts comme impliquant de sa part l'intention de renoncer aux avantages du régime dotal (1).

Nous ne voyons point comment concilier cette opinion avec le système admis par les mêmes auteurs en cas d'acceptation de la communauté.

Il s'agit, dans notre hypothèse, d'une femme qui a été, il est vrai, soumise au régime dotal, mais dont l'incapacité a complètement cessé, qui par suite peut aliéner son patrimoine, hypothéquer ses biens, cautionner les tiers, en un mot qui jouit du droit *d'user et d'abuser* de sa fortune. Pourquoi ne pourrait-elle point aussi bien renoncer à l'exercice de ses reprises, garantir les obligations de son mari et les aliénations qu'il a consenties des immeubles de la société d'acquêts ? Si l'on reconnaît à l'acceptation de la femme commune l'effet que MM. Aubry et Rau lui accordent, nous ne voyons point comment l'acceptation de la femme dotale ne produirait point les mêmes conséquences.

On comprend d'autant moins l'idée de ces auteurs, que cette faculté qu'ils donnent à la femme d'opposer son hypothèque légale aux créanciers hypothécaires inscrits sur les biens de la société d'acquêts postérieurs en rang, ils la lui refusent à l'encontre des tiers acquéreurs de ces

(1) *Sic* : Guillouard, *Contrat de mariage*, t. 4, n° 2209. Voir De Loynes, sur Tessier, *Traité de la société d'acquêts*, 1881.8. IX, note 37, p. 31, et n° 192, note 1.

mêmes conquêts. Elle ne serait donc garante que de la vente des immeubles.

M. Odier ne commet point la même inconséquence (1). Il reconnaît à la femme acceptante le droit de se prévaloir de son hypothèque légale « sur tous les biens de la société d'acquêts, aliénés ou non aliénés, comme sur ceux du mari ».

Dans l'arrêt du 28 juin 1847 dont nous avons déjà dû parler (2), la Cour de cassation, en rejetant le pourvoi formé contre l'arrêt qui avait maintenu, au profit des enfants d'une femme dotale, la collocation accordée pour les reprises de celle-ci, à un rang antérieur à un créancier hypothécaire de la société d'acquêts, bien que l'acceptation par les héritiers de cette société d'acquêts résultât d'une façon certaine du concours par eux donné à la vente de l'immeuble dont le prix était en distribution, invoquait notamment les motifs suivants :

« Attendu que, lorsque la femme a adopté le régime dotal, sa dot mobilière et immobilière est inaliénable pendant le mariage;

Qu'il suit de ce principe que les obligations, qu'elle a contractées avec le consentement de son mari, ne peuvent faire obstacle à ce qu'elle fasse valoir son hypothèque légale pour le paiement de ses reprises et créances dotales;

Attendu que l'acceptation expresse ou tacite de la société d'acquêts par les héritiers de la femme, ne leur en-

(1) *Traité du contrat de mariage*, 1847, III, n° 1520.

(2) V. p. 81. — Dalloz, 1847.1.299; Sirey, 1847.1.493, aff. Chouquet c. Mutrel.

lève pas la faculté de faire valoir leurs droits résultant du régime dotal, et ne les oblige que jusqu'à concurrence de leur émolument dans la dite société ;

Que s'ils n'ont pas fait inventaire, ils ne sont pas nécessairement et de plein droit privés du bénéfice du régime dotal, et ne sont tenus d'aucun rapport ou compensation, lorsqu'il est établi qu'ils n'ont pas été saisis de l'actif de la société d'acquêts, etc... »

La jurisprudence offre cependant des arrêts qui sont plus en harmonie avec la théorie qu'elle admet sur les conséquences de l'acceptation de la femme qui a toute sa capacité pour s'obliger, ratifier les actes du mari et en garantir l'exécution.

Dans un arrêt du 3 décembre 1858 (1), la Cour de Bordeaux établit qu'en tant qu'elle est commune, en acceptant la société d'acquêts, la femme est soumise aux mêmes obligations que la femme mariée sous le régime de la communauté. Et elle déduit les conséquences suivantes :

« Que la femme mariée sous le régime dotal, avec société d'acquêts, et qui a accepté cette société, ne peut pas rechercher, en vertu de son hypothèque légale, les tiers détenteurs des acquêts immeubles aliénés par le mari, parce que ces aliénations ont été dans le droit incontestable du mari, parce que, au moyen de son acceptation, *la femme les a ratifiées*, se les est appropriées,

(1) Dalloz, *Revue périodique de législation. Supplément*, 1894, t. 14, p. 95, note 1.

parce qu'elle ne peut pas attaquer, comme femme dotale, des actes auxquels elle doit garantie comme femme commune, à moins que ces actes n'aient été faits en violation des principes de l'inviolabilité de la dot ».

Et les motifs invoqués par la Cour de Bordeaux seraient opposables à la femme dotale en opposition avec un créancier hypothécaire.

Dans l'opinion admise par MM. Bertauld et Paul Pont, et plus récemment par M. Baudry-Lacantinerie, opinion qui inspire aujourd'hui l'enseignement de la Faculté de droit de Paris, il faudrait dire que l'acceptation par la femme dotale, comme celle de la femme commune, ne compromet en rien l'exercice de ses reprises et créances, ainsi que des garanties réelles et personnelles qui sont accordées par la loi.

La femme dotale ne ratifie point l'aliénation des conquêts qui n'a point besoin d'être ratifiée, elle ne se porte point garante des actes du mari ; elle s'oblige seulement au paiement du passif pour moitié et sauf son bénéfice d'émolument. Nous renvoyons sur ce point à ce qui a été dit plus haut concernant les droits et obligations de la femme commune.

CHAPITRE III

DES RESTRICTIONS APPORTÉES AU DROIT D'HYPOTHÈQUE LÉGALE DE LA FEMME SUR LES IMMEUBLES DE LA COMMUNAUTÉ.

Si, à défaut d'autres, il est une considération qui devait, en législation, faire grever les immeubles acquis au cours du mariage de l'hypothèque légale de la femme, c'est que souvent ces immeubles sont acquis avec des deniers provenant de l'aliénation de ses propres ou du produit des économies communes des époux.

De nombreux auteurs, tant anciens que modernes, invoquent ce fait comme argument pour prouver que le législateur ne pouvait refuser à la femme une garantie sur des biens formant souvent la représentation, sinon en droit, du moins en fait de ses biens propres.

Mais n'était-il pas à craindre, ce principe admis, que le mari, embarrassé dans ses affaires, ne transformât son actif en immeubles au préjudice de ses créanciers, pour permettre à sa femme d'exercer hypothécairement des reprises dont l'exercice intégral aurait été compromis par sa mauvaise situation, si elle avait dû se trouver réduite à en réclamer le paiement sur des biens mobiliers, c'est-à-dire au marc le franc avec les créanciers de son mari ?

Le législateur l'a craint, et dans l'intérêt des créanciers de la communauté et du mari, il a restreint dans deux cas les droits hypothécaires de la femme sur les immeubles communs :

1° Celui où le mari serait déclaré en faillite ;

2° Celui où il serait comptable de deniers publics.

SECTION I. — Restriction de l'hypothèque au cas de faillite du mari.

L'article 563 du Code de commerce est ainsi conçu :

« Lorsque le mari sera commerçant au moment de la célébration du mariage, ou lorsque, n'ayant pas alors d'autre profession déterminée, il sera devenu commerçant dans l'année, les immeubles qui lui appartiendraient à l'époque de la célébration du mariage, ou qui lui seraient advenus depuis, soit par succession, soit par donation entre vifs ou testamentaire, seront seuls soumis à l'hypothèque de la femme,

« 1° Pour les deniers et effets mobiliers qu'elle aura apportés en dot ou qui lui seront advenus depuis le mariage par succession, ou donation entre vifs, ou testament et dont elle prouvera la délivrance ou le paiement par acte ayant date certaine ;

« 2° Pour le remploi de ses biens aliénés pendant le mariage ;

« 3° Pour l'indemnité des dettes par elle contractées avec son mari ».

Ce texte a pour effet :

1° De diminuer le montant des créances que la femme pourrait, d'après le droit commun, exercer hypothécairement contre son mari ;

2° De restreindre les immeubles sur lesquels porte le droit d'hypothèque légale de la femme ; cette dernière restriction seule doit faire l'objet de notre étude.

L'article 563 fut voté en 1838 et vint augmenter, au profit de la femme du failli, les garanties hypothécaires que lui avait laissées le texte primitif du Code de commerce et qui portaient uniquement sur les biens appartenant au mari à l'époque du mariage.

Napoléon aurait voulu que la femme, dans tous les cas, partageât le malheur de son mari, qu'elle sacrifiât tout ce qu'elle possédait pour prévenir ou du moins adoucir les torts d'une personne avec laquelle elle était si étroitement unie. Il l'aurait volontiers réduite à de simples aliments (1).

Les restrictions édictées par le Code de commerce n'ont pas été inspirées par cette seule considération que l'hypothèque légale de la femme formait une brèche énorme au gage des créanciers de la faillite ; autrement, les mineurs aussi auraient vu leur garantie diminuée sur les immeubles de leur tuteur déclaré en état de cessation de paiements. Leur gage en effet est plus dangereux encore pour la masse, car leur hypothèque date de

(1) Renouard, *Traité des faillites et banqueroutes*, t. I, p. 147. Édition de 1842.

l'ouverture de la tutelle pour toutes leurs créances indistinctement ; il n'y a point pour eux de disposition analogue à celle de l'article 2135 du Code civil.

En diminuant ainsi les droits d'hypothèque légale de la femme, le législateur a certainement pensé que la femme épousant un commerçant ou, ce qui revient au même, un jeune homme sans situation lors du mariage, mais qui va devenir commerçant dans l'année, voudra souvent s'associer à la direction effective des affaires ; que dans le cas où elle ne donnera pas son travail, elle fournira au moins des capitaux avec lesquels le mari augmentera l'importance de son négoce ; qu'associant ainsi son travail ou sa fortune, et souvent les deux, au travail et à la fortune de son mari pour en retirer des bénéfices avec ce dernier, il n'était que juste de lui faire subir les conséquences désastreuses de la faillite. Ce lui dut être un puissant motif pour enlever à la femme son privilège sur des immeubles formant souvent la représentation des bénéfices et des économies réalisés aux jours de la prospérité.

D'autre part, il a voulu diminuer le droit pour la femme de reprendre, grâce à l'exercice de son hypothèque légale, par préférence aux créanciers de la communauté, des valeurs dont la jouissance en définitive doit appartenir en fait au mari.

Pour que les restrictions que nous avons à étudier deviennent applicables, il faut que le mari ait été commerçant au moment du mariage ou le soit devenu dans l'année : la femme doit être prévenue des déchéances auxquelles elle s'expose en épousant un commerçant.

Ne serait pas exposée à ces déchéances la femme ayant épousé un jeune homme devenu commerçant dans l'année du mariage, mais qui, au moment de la célébration de ce mariage, exerçait une profession déterminée en dehors du commerce : elle n'a pu prévoir ce changement de situation.

Un arrêt de la Cour de Paris du 9 février 1867 (1) a décidé que la situation de principal clerc de notaire ne constituait pas, dans le sens de l'article 563, une profession déterminée ; dès lors, si le mari, principal clerc de notaire au moment du mariage, est devenu dans l'année agent d'affaires, les immeubles acquis par lui pendant le mariage ne sont point grevés de l'hypothèque légale de sa femme. Peut-être y aurait-il lieu de distinguer si le mari était principal clerc en qualité de stagiaire, et seulement en vue d'acquérir les connaissances nécessaires pour gérer un office ministériel, ou si, étant donnés son âge et sa situation dans une étude importante, on ne devait point le considérer lors du mariage comme ayant une position stable, une véritable profession : dans ce dernier cas seulement, la déchéance semblerait devoir s'appliquer.

Peu importerait que le mari eût officiellement la qualité de commerçant au moment du mariage, si en fait il exerçait à ce moment des actes habituels de commerce suf-

(1) Sirey, 1867.2.309.

fisants, pour qu'en cas de mauvaises affaires, il pût être déclaré en faillite.

Le simple fait par le mari de prendre dans son contrat de mariage la qualité de commerçant ne suffit pas pour faire encourir à la femme la déchéance qui nous occupe, si en réalité il n'exerce point le commerce ; il y aurait là simplement une présomption pour le cas de doute, non une preuve certaine que les créanciers intéressés pourraient opposer à la femme (1).

Si un mineur exerce le commerce sans avoir obtenu l'autorisation légale, il n'est pas commerçant et ne peut donc être mis en faillite ; par suite, la femme ne saurait encourir les déchéances de l'article 563. La femme, il est vrai, est un tiers, et l'autorisation imposée au mineur n'a été prescrite que dans son intérêt, mais il ne saurait être considéré comme commerçant à l'égard de certaines personnes, comme non commerçant à l'égard des autres (2). Les dispositions de l'article 563 ont pour but essentiel d'augmenter le crédit du mari au profit des tiers, or dans l'espèce ceux-ci ne sont pas intéressants : ou ils ont su qu'ils entraient en relations avec un mineur faisant le commerce sans autorisation, et alors ils n'ont pu compter sur l'application de la déchéance de notre article ; ou ils l'ont ignoré, et alors ils sont en faute de ne s'être pas renseignés : *Nemo ignarus debet*

(1) Cass., 24 janvier 1872, Sirey, 1872. 1. 231 ; Dalloz, 1872. 1. 93.

(2) Cass., 18 avril 1882, Sirey, 1883. 1. 161 et note de M. Lyon-Caen.

esse conditionis ejus cum quo contrahit. Il ne paraît point y avoir de divergences d'opinion sur ce point dans la doctrine et dans la jurisprudence.

Pour l'interprétation de l'article 563, il faut surtout rechercher les motifs qui l'ont inspiré et se souvenir, que comme toute disposition sortant du droit commun, il doit être appliqué restrictivement.

Assurément, en présence d'un texte aussi précis, seront affranchis de l'hypothèque légale de la femme, tous les immeubles acquis à titre onéreux et tombés dans la communauté. D'autre part, les immeubles sur lesquels la femme ne pourrait justifier sa propriété exclusive et exercer un droit de revendication conformément aux articles 557 et suivants du Code de commerce, seraient également affranchis de son hypothèque, puisqu'ils ne pourraient entrer dans l'énumération limitative de l'article 563; la loi présume que tous immeubles acquis par le mari ou par la femme, même sous les régimes autres que celui de la communauté, ont été payés avec des deniers formant le gage des créanciers du mari commerçant, sauf s'ils sont échus aux époux par succession ou donation, ou si, ayant été acquis au nom de la femme, il y a eu déclaration d'emploi au contrat d'acquisition, et constatation d'origine des deniers par inventaire ou tout autre acte authentique (art. 558).

Diverses questions douteuses sont à examiner pour

la détermination des immeubles acquis au cours du mariage et non soumis à l'hypothèque de la femme.

Il peut arriver d'abord que la propriété d'un immeuble ne soit définitivement acquise au mari que postérieurement à la célébration du mariage, bien que la cause d'acquisition soit préexistante.

C'est ainsi que le mari peut avoir sur un immeuble une possession simple réunissant toutes les conditions nécessaires pour arriver à prescrire pendant le mariage. Si l'usucapion s'accomplit dans cette hypothèse, il est évident qu'il ne sera devenu définitivement propriétaire que pendant le mariage. On doit décider cependant que l'hypothèque légale de la femme grèvera cet immeuble. Outre qu'il n'y a pas eu d'aliénation de deniers pouvant préjudicier à la masse de la faillite, le caractère même de la prescription conduit nécessairement à une solution favorable à la femme : si la propriété n'a été définitivement consolidée que du jour où la prescription a été accomplie, elle remonte quant à ses effets au jour où a commencé l'existence de cette possession proclamée légitime par la loi. Ajoutons que la femme a peut-être considéré son mari comme réellement propriétaire de l'immeuble, sur lequel il exerçait tous les droits de la propriété, et qu'il serait injuste de la priver de son hypothèque sur un bien qu'elle croyait devoir lui être toujours affecté. La solution ne serait pas nécessairement la même, si l'usucapion ne s'accomplissait qu'à la suite d'une possession ayant commencé seulement après la célébration du mariage. Le mari a-t-il acquis ce bien à titre onéreux *a non domino*, mais avec juste titre et bonne foi ? l'immeuble n'est pas frappé du droit de la femme, car il ne peut rentrer dans l'énumération de l'article 563 du Code de commerce. L'a-t-il acquis à titre gratuit, soit par la donation que lui en a faite un non-propriétaire, soit en succédant à une personne également non propriétaire ? le droit de la femme devra s'exercer, car c'est bien là un immeuble acquis par succession ou donation, et la prescription accomplie pendant le mariage rétroagit au jour où a commencé la possession de l'auteur (V. *suprà*). Que décider enfin pour le cas où le mari, usurpateur, n'a acquis l'immeuble que par une possession de trente ans écoulés postérieurement au mariage ? bien que les créanciers ne puissent invoquer un détournement de deniers de la communauté ou du mari, il nous semble qu'il faudrait décider que la femme ne pourra user de son droit d'hypothèque : l'article 563 est limitatif et cet immeuble ne rentre pas dans son énumération.

Il faut reconnaître à la femme le droit de prouver, à l'encontre de la masse, que tel immeuble, dont le titre public et authentique porte une date postérieure au mariage, n'a fait que constater une vente existant auparavant en réalité. C'est ce qu'a décidé un arrêt de la Cour de Grenoble du 28 juin 1858 (1). Et elle pourrait faire

(1) Sirey, 1859.2.249 ; Dalloz, 1859.2.191.

cette preuve par témoins, et même par simples présomptions, puisqu'elle se serait trouvée dans l'impossibilité de retirer une preuve écrite d'un fait du mari antérieur à la célébration du mariage (article 1448 du Code civil).

Un immeuble a été acquis par le mari avant le mariage et n'a été payé qu'après ; on pourrait dire, pour l'application des mesures restrictives de l'article 563, que la vente était résoluble tant que le prix restait dû, le paiement seul donnant un caractère définitif à cette vente, et ce paiement étant effectué avec des deniers qui auraient formé le gage de la faillite. Nous pensons cependant que l'hypothèque légale devra être accordée à la femme, car l'immeuble appartenait bien au mari, lors de la célébration du mariage, la date de l'acquisition n'étant point celle du paiement : n'oublions point que l'article 563 doit être interprété restrictivement comme formant une mesure exceptionnelle.

Il en est de même, croyons-nous, si le mari use d'une faculté de réméré qu'il s'était réservée lors d'une aliénation antérieure au mariage ; il y a bien dans ce cas aliénation de deniers formant le gage des créanciers, cependant le mari est censé avoir été propriétaire de l'immeuble lors de son mariage : cela suffit. La vente se trouve rétroactivement effacée, et la propriété est réputée n'être jamais sortie de ses mains. On ne saurait d'ailleurs présumer une intention de fraude, le mari n'a fait qu'exécuter des conventions conclues à une époque où il lui importait peu d'avoir des meubles ou des immeubles, tous ses biens formant indistinctement le gage des créanciers, et où il ne pouvait par suite espérer retirer un profit indirect de l'exercice de l'hypothèque légale de son épouse.

Supposons que le mari, ou la femme ait, en vertu de son contrat de mariage, ameubli un immeuble déterminé, cet immeuble devra être affranchi de l'hypothèque de la femme du failli, l'article 563 restreignant l'effet de l'hypothèque légale sur les seuls immeubles propres, donnant lieu à une reprise en nature au profit du mari, et l'intention formelle du conjoint consentant un ameublissement étant de faire perdre à l'immeuble qui en est l'objet sa nature de propre.

Et il semble que cette solution doive être admise quelle que soit l'option qui aura pu être faite par la femme au sujet de la communauté ou de la société d'acquêts à l'époque de leur dissolution.

Cette solution n'a toutefois pas été sanctionnée par la jurisprudence. Dans un arrêt du 26 janvier 1876 (1), la Cour de cassation a décidé que l'hypothèque de la femme frappe l'immeuble du mari, ameubli par contrat de mariage, dans le cas où celle-ci renonce à la communauté, l'immeuble ameubli par le mari continuant de lui appartenir après cette renonciation au même titre qu'avant le mariage.

Et cependant, quel est l'effet de l'ameublissement?

(1) Sirey, 1876.1.241, et note de M. Labbé ; Dalloz, 1876.1.62.

C'est, répond l'article 1507, n° 1, du Code civil, de rendre l'immeuble ou les immeubles qui en sont frappés, biens de la communauté comme les meubles mêmes. M. Baudry-Lacantinerie (1) va même jusqu'à prétendre que les immeubles qui sont ameublis deviennent conquêts de la communauté ; c'est inexact, le mot conquêt impliquant acquisition faite pendant le mariage à titre onéreux avec des deniers communs. Mais on peut dire que les immeubles ameublis doivent être assimilés aux biens acquis pendant le mariage à titre onéreux et désignés sous le paragraphe 3 de l'article 1401. Ils sont définitivement sortis du patrimoine propre des époux pour devenir biens indivis entre les conjoints comme tout bien de communauté ou de société d'acquêts.

Or, par l'effet de sa renonciation, la femme perd certainement tout droit de copropriété sur l'immeuble ameubli par son mari, comme elle le perdrait d'ailleurs sur l'immeuble ameubli par elle-même ; mais, si le mari en redevient seul propriétaire, ce n'est pas à cause de la propriété qu'il avait avant le mariage, c'est à cause de cette renonciation même qui le rend définitivement propriétaire exclusif de tous les immeubles de la communauté.

M. Labbé, dans une étude remarquable de l'arrêt de la Cour de cassation, adopte la même conclusion, mais pour des motifs différents. Si nous supposons admis,

(1) *Précis de dr. civil*, t. 3, n° 273.

dit-il, que la femme a hypothèque légale sur les conquêts, nous ne croyons pas que l'article 563, qui maintient cette hypothèque sur les immeubles ayant appartenu au mari avant la célébration du mariage, fasse de distinction entre ceux des immeubles qui restent propres au mari et ceux qui, par un ameublissement complet, entrent dans la communauté. Donc, l'hypothèque légale subsiste sur l'immeuble ameubli, nonobstant la faillite du mari, et la femme qui renonce peut exercer cette hypothèque. On peut répondre que l'article 563 dispose, il est vrai, que l'immeuble appartenant au mari à l'époque de la célébration du mariage est frappé de l'hypothèque de la femme, mais qu'au moment même du mariage, et en vertu du contrat et de la célébration qui vivifie pour ainsi dire ce contrat et lui fait produire son effet, l'immeuble ameubli ne lui appartenait plus et avait été définitivement aliéné au profit de la communauté.

En vain objecterait-on ce fait que, dans la circonstance, il n'a été détourné aucun denier formant le gage des créanciers de la faillite. Il n'est nullement nécessaire, pour enlever à la femme son hypothèque sur un conquêt, qu'il y ait eu emploi des deniers du mari ou de la communauté à son acquisition. Il ne faut pas prendre pour un texte ce qui n'est qu'un motif de la loi, ce motif fût-il très important. Nous avons vu plus haut que l'immeuble usucapé pendant le mariage, à la suite d'une possession ayant commencé postérieurement à sa célébration, pouvait être dans certains cas affranchi de l'hypothèque légale, et cependant, le mari n'a rien détourné pour cette acquisition (1). Supposons encore que le mari commerçant recueille, dans une succession, des valeurs mobilières qu'il aliène et dont il emploie le prix à l'achat d'un immeuble, sans faire aucune déclaration d'origine de deniers ; l'immeuble sera certainement un conquêt définitivement affranchi de l'hypothèque de la femme au cas de faillite, et cependant la masse n'aura pas eu à souffrir de cette opération.

Enfin, ne faut-il pas croire, comme l'indique M. Labbé au cours de l'article cité plus haut, que le fait par les époux d'ameublir un immeuble propre implique chez eux la volonté d'enrichir la communauté, d'augmenter son crédit, et d'offrir un gage plus efficace aux créanciers ? Cette intention peut, aussi bien que l'acquisition à titre onéreux faite pendant le mariage, motiver une suppression de l'hypothèque légale.

Concluons : l'immeuble ameubli par le mari forme définitivement un immeuble de communauté ou de société d'acquêts ; la renonciation ou l'acceptation de la femme ne saurait lui enlever ce caractère qui lui est acquis définitivement par la clause du contrat de mariage ; par suite, l'hypothèque légale de la femme ne saurait grever un tel immeuble au cas de la faillite du mari qui était commerçant lors du mariage ou l'est devenu dans l'année.

(1) Voir *suprà*, p. 110.

Le Code de 1807, nous l'avons vu plus haut, n'avait accordé à la femme son hypothèque légale que sur les biens appartenant au mari à l'époque du mariage. C'est seulement en 1838 que sa garantie réelle fut étendue aux biens recueillis par son mari par succession et donation entre vifs ou testamentaire. Cette modification ne fut apportée qu'après de longues discussions. Le premier projet adopté n'accordait cette extension que sur les biens échus par succession, c'est en deuxième discussion seulement qu'elle s'appliqua aux immeubles donnés et légués à titre gratuit.

Que décider à l'égard des parts et portions indivises que le mari viendrait à acquérir par partage ou licitation sur un immeuble à lui échu par succession ?

Devra-t-on appliquer la fiction de l'article 883 du Code civil et déclarer que, par l'effet rétroactif du partage, l'immeuble est censé lui être échu intégralement par succession ? L'hypothèque de la femme le greverait alors entièrement.

Devra-t-on au contraire considérer, au point de vue de la faillite, que les parts et portions advenues au mari, à la suite du partage ou de la licitation, forment un bien de communauté, et décider que ces parts et portions sont affranchies de l'hypothèque de la femme ?

La jurisprudence actuelle est constante pour reconnaître que l'hypothèque légale de la femme s'étend à la totalité de l'immeuble, dont le mari s'est rendu propriétaire exclusif par l'acte ayant fait cesser l'indivision.

Dans un arrêt du 10 novembre 1869 (1), la Cour de cassation a rejeté le pourvoi formé contre un arrêt de la Cour de Metz qui avait reconnu à la femme le droit de se prévaloir de son hypothèque légale sur un immeuble dont les deux tiers avaient été acquis par son mari à titre de licitation.

M. Labbé, dans le commentaire qu'il a fait de cet arrêt, en a admis les conclusions tout en en fortifiant les motifs.

Les tendances actuelles de la Cour suprême, dit-il, sont de rendre opposable non seulement aux cohéritiers, mais à tous les tiers, la fiction de l'article 883 ;

L'immeuble acquis de la sorte par le mari est bien un immeuble recueilli par succession, le partage ou la licitation sont des suites nécessaires, ou au moins naturelles, de l'indivision résultant de l'ouverture d'une succession échue à plusieurs. « La succession ouverte a été la cause première de l'acquisition ; ce sont les règles légales des successions qui en ont amené la réalisation.

D'autre part, ajoute le savant et regretté Maître, quand le mari recueille des droits indivis immobiliers, la femme acquiert immédiatement sur eux une hypothèque dont le sort définitif est soumis à l'effet du partage à intervenir. Si, par suite de ce partage ou de la licitation, l'immeuble indivis passe aux mains d'un cohéritier du mari, assurément son droit s'éteint définitivement.

(1) Sirey, 1870.1.5 (affaire Vassal) et note de M. Labbé.

Pourquoi son droit ne porterait-il pas sur l'immeuble entier dans le cas où le mari deviendrait seul propriétaire? L'équité n'exige-t-elle pas que la situation de la femme soit régie dans les deux cas par le même principe? « L'article 883 n'a-t-il pour la femme mariée que des rigueurs sans compensation? »

Enfin, au moment où il a porté des enchères, le mari était en pleine possession de son crédit commercial. Cette somme qui lui a servi à l'acquisition des parts et portions indivises de son immeuble, il aurait pu l'employer par exemple à doter ses enfants ou à acheter des immeubles, au nom de sa femme, à concurrence de ses reprises, et en remplissant les conditions légales du remploi (art. 1435, Code civil).

Les créanciers n'ont-ils pas d'ailleurs la faculté d'intervenir au partage, en vertu de l'article 882, et d'empêcher que leurs garanties soient frauduleusement diminuées?

MM. Lyon-Caen et Renault (1), s'inspirant des motifs de la loi, font une distinction.

Si c'est par un partage que le mari est devenu seul propriétaire, et que ses cohéritiers se sont trouvés remplis de leurs droits par des valeurs mobilières de la succession, les créanciers n'ayant eu nullement à souffrir de ce partage, puisqu'aucun des deniers formant leur gage n'est sorti de la caisse du failli, l'hypothèque lé-

(1) *Manuel de dr. comm.*, 4e éd., no 1234.

gale de la femme devra dans ce cas grever l'immeuble entier.

Si, au contraire, c'est à la suite d'une licitation que le mari est devenu propriétaire, s'il a eu à verser une soulte de partage, alors le droit de la femme sera restreint sur la part à lui échue héréditairement.

Telle est également l'opinion de M. Boistel (1).

MM. Aubry et Rau admettent le même système :

« Tout en écartant l'application de l'article 883, il faut reconnaître que l'hypothèque légale de la femme doit frapper la totalité des immeubles dont le mari était copropriétaire, lorsque les copropriétaires ont été remplis de leurs droits en valeurs héréditaires (2) ».

Dans une troisième opinion, on décide que l'hypothèque, dans tous les cas, ne grève que la part recueillie par le mari, et de puissants motifs sont donnés à l'appui de ce système.

Cette affirmation que l'article 883 du Code civil édicte l'effet déclaratif du partage à l'égard même des tiers est peut-être excessive. On a vu dans le cours même de cette étude un cas où il fallait nécessairement le rejeter (3). Ce n'est pas le seul : en matière de liquidation de communauté légale, on fait exercer à chaque époux, non pas la reprise des immeubles qui lui ont été attribués par le partage des successions à lui échues, mais sa part héréditaire dans les immeubles, et c'est là une

(1) *Cours de droit commercial*, n° 1022.
(2) *Loc. cit.*, t. 3, § 264 *ter*, note 52.
(3) Conf. *suprà*, p. 70 et s.

pratique constante dans le notariat et approuvée par des auteurs considérables (1).

L'article 883 qui a créé une fiction n'a-t-il point été édicté seulement pour régler les rapports entre les communistes ? La question est au moins douteuse. Dans tous les cas le législateur était libre d'y faire une dérogation en faveur des créanciers de la faillite et peut-être a-t-il entendu l'établir en édictant l'article 563 (2).

De ce que la femme perd son droit d'hypothèque légale sur l'immeuble indivis quand l'acte mettant fin à l'indivision rend propriétaire exclusif un des cohéritiers du mari, il ne s'ensuit pas nécessairement que ce droit doit porter sur la totalité de l'immeuble quand c'est le mari qui est devenu seul propriétaire. Que sa garantie soit éteinte dans le premier cas, c'est certain ; l'article 883 est formel pour cette hypothèse : tous droits réels nés du chef du mari devaient disparaître puisqu'il était communiste et l'article 883 lui était tout d'abord applicable ; au contraire, si c'est lui qui est devenu seul propriétaire, les droits réels que ses communistes avaient consentis sont anéantis également (au moins au point de vue du droit de suite), mais la femme, qui est un tiers à l'égard de l'indivision, peut-elle invoquer le bénéfice de l'article 883 ? N'est-ce pas au mari ou à ses créanciers seuls qu'appartient la faculté de s'en prévaloir ?

Que le mari ait été en possession de son plein crédit

(1) Aubry et Rau, t. 5, § 507, note 13 ; Laurent, 21, n° 233.
(2) Cons. Victor Duquaire, *Rev. crit.*, 1853, t. 3, p. 806.

commercial au moment où il s'est rendu adjudicataire, c'est possible, mais cela importe peu : c'est une pure considération de fait, non un motif juridique. S'il avait acquis un immeuble quelconque au lieu d'acheter ces parts et portions indivises, l'hypothèque légale de la femme ne serait pas opposable, même s'il était justifié de la prospérité évidente des affaires lors de l'acquisition.

Les créanciers ont, il est vrai, la faculté d'intervenir au partage en vertu de l'article 882; mais il se peut que le partage se soit effectué à leur insu, sans pour cela qu'il y ait eu fraude; peut-être aura-t-il eu lieu à une époque où la situation du mari paraissait brillante, où par suite les tiers ne croyaient pas utile d'user, au détriment d'un individu avec lequel ils avaient des rapports commerciaux fréquents et avantageux, d'un moyen odieux par lui-même, et accordé par le législateur en vue surtout de situations obérées.

La solution intermédiaire donnée à cette question est séduisante, elle tient compte des motifs de la loi : le mari est-il devenu propriétaire exclusif de l'immeuble sans avoir de soulte à payer, sans verser de prix de licitation, l'hypothèque grève l'immeuble entièrement ; sinon, le droit de la femme frappe seulement la part héréditaire du mari. Mais n'est-ce pas là prendre pour un texte de loi ce qui n'est qu'un motif ?

Il semble qu'il faille donner à cette question une solution plus radicale. Il faut dire que, pour les tiers, au moins dans cette hypothèse, le partage est *attributif*, et par suite, le mari au moyen de l'abandon, de l'*aliénation* de sa part dans les valeurs mobilières de la succession étant devenu seul propriétaire de l'immeuble indivis, les parts et portions ainsi acquises doivent être assimilées, au point de vue de la faillite, aux immeubles de la communauté, puisqu'elles représentent des valeurs mobilières qui auraient augmenté le gage des créanciers de la faillite et auraient été affranchies de tout droit de préférence au profit de la femme.

Cette solution a été admise par MM. Massé, Gadrat et Esnault.

Ce fut sur l'insistance de M. Goupil de Préfeln que l'on assimila aux biens recueillis par succession les immeubles provenant au mari d'une donation entre vifs ou testamentaire. Les législateurs, en édictant cette disposition, ont travaillé à l'homogénéité de leur ouvrage. « N'était-il pas choquant, dit M. de Saint-Nexent, de voir le même Code permettre à la femme d'accepter une donation en immeubles et lui refuser une hypothèque sur ceux dont on aurait gratifié son mari (1) ? »

Les donations sont la source de fraudes fréquentes ; il peut arriver qu'un immeuble soit acquis à titre onéreux par le mari, mais que pour tromper les créanciers, et avantager la femme et indirectement son conjoint, l'acte

(1) De Saint-Nexent, *Traité des faillites et banqueroutes*, t. 3, p. 105, éd. 1843.

simule une donation : les créanciers auront bien entendu la faculté de prouver, par tous les moyens, la fraude commise au préjudice de leurs droits. Réciproquement, la femme pourrait démasquer la fraude, qui aurait pour objet de dissimuler, sous la forme d'un contrat onéreux, la donation d'un immeuble faite à son mari.

Si une donation est faite au mari sous des conditions tellement onéreuses que l'acte en réalité est mal qualifié, et renferme en fait des conventions synallagmatiques, l'hypothèque légale de la femme ne grévera certainement pas l'immeuble en faisant l'objet. Si l'acte constituait ce que les Romains appelaient un *negotium mixtum cum donatione*, il y aurait lieu de faire une ventilation.

L'immeuble propre au mari, et sur lequel la femme conserve son droit réel, peut avoir été l'objet de travaux considérables. Des constructions y auront peut-être été élevées, des améliorations importantes auront peut-être modifié le bien du mari. Devra-t-on considérer ces augmentations comme biens non compris dans l'énumération de l'article 563 ou comme dépendance grevée du droit d'hypothèque de la femme en vertu de l'adage : *Omne quod solo aedificatur solo cedit* ?

Un arrêt de la Cour de Grenoble du 28 juin 1858 (1) a décidé en ce dernier sens, en vertu de l'article 2133 du Code civil, même en ce qui concerne les constructions.

(1) Sirey, 1859. 2. 249.

On peut objecter que l'article 2133 ne parle que des améliorations, non des constructions, mais il paraît préférable d'écarter tout argument de cet article et de reconnaître que l'article 563 du Code de commerce y a apporté une dérogation comme à l'article 2121.

En effet, l'article 563 énumère limitativement les garanties laissées à la femme ; or, toute amélioration, de même que toute construction, constitue une sorte d'immeuble nouveau non compris dans l'énumération. Se basant sur cette idée, la majorité des auteurs pense avec raison que le mari ne peut augmenter la garantie de sa femme au détriment de ses créanciers, en donnant une plus-value considérable à ses biens propres, et décide que le juge doit rechercher s'il est possible de distinguer deux immeubles, l'un existant avant les travaux accomplis avec des deniers qui auraient dû former le gage des créanciers de la faillite, l'autre résultant de la plus-value donnée par les travaux qui ont constitué ces constructions ou améliorations : ce dernier ne pourrait être affecté à la garantie de la femme ; et dans un ordre qui aurait pour objet la distribution du prix d'un immeuble du mari ainsi modifié, soumis à l'hypothèque légale, il devrait être établi une ventilation pour déterminer quelle part de ce prix représente la valeur des constructions et améliorations affranchies du droit de préférence de la femme.

Pour que les restrictions dont il vient d'être parlé soient applicables, il faut, bien entendu, que la faillite ait été prononcée : on ne saurait les invoquer au cas de déconfiture du mari, mais l'article 563 est certainement applicable au cas de liquidation judiciaire (art. 24 de la loi du 4 mars 1889).

L'état de cessation de paiements doit être déclaré par le Tribunal de commerce du domicile du failli. On a longtemps discuté et on discute encore la question de savoir si l'état de cessation de paiements ne peut être constaté par une juridiction civile ou une juridiction criminelle; incidemment à une autre question. Il ne nous appartient point d'examiner longuement les difficultés soulevées par ce problème. Disons seulement avec de nombreux auteurs, et malgré l'opinion contraire de la jurisprudence, que seul le Tribunal de commerce est compétent. L'article 440 du Code de commerce est formel en ce sens ; on s'exposerait avec le système contraire à des jugements contradictoires, ce qui est toujours regrettable ; d'autre part, il semble difficile de soumettre, en cas de poursuite en banqueroute frauduleuse, la solution d'une question aussi compliquée à douze jurés, souvent ignorants du droit et même des choses commerciales. Enfin, il n'est point vrai, comme on l'a prétendu, que notre système aboutisse en cas de banqueroute à subordonner l'action publique en répression à un simple intérêt privé; en effet le ministère public peut faire déclarer d'office la faillite ? (art. 440) (1).

(1) *Sic* : Massé, t. 2, n° 1167 ; Demangeat sur Bravard, t. 5, p. 38, note 2. Ed. 1864 ; M. Boistel, *Cours de dr. comm.*, n° 898 ; Villey sous Cass., 10 août 1878, Sirey, 1879.1.481.

Par suite, il faudrait décider que la femme ne subirait pas les déchéances de l'article 563 si le mari ne pouvait plus être déclaré en faillite, soit qu'il se fût écoulé plus d'un an depuis son décès (art. 437), soit que l'état de cessation de paiements fût survenu seulement à une époque postérieure à sa retraite des affaires.

L'article 563, par la place qu'il occupe, par les motifs qui l'ont fait adopter, paraît ne devoir recevoir son exécution qu'autant qu'il s'agit de l'intérêt de la masse de la faillite (1). « Sont nuls et sans effet, *relativement à la masse*, lorsqu'ils auront été faits par le débiteur, etc... » dit l'article 446 ; et les dispositions spéciales édictées par le livre IIIe semblent bien l'avoir été dans l'intérêt *de la masse* des créanciers. De ce principe, on doit déduire les conséquences qui suivent :

Un immeuble, non compris dans l'énumération de l'article 563, est revendu sans fraude par le mari avant la déclaration de la faillite. Les créanciers n'ont évidemment pas le droit de suite sur ce bien qui est définitivement sorti du patrimoine du débiteur et ne fait plus partie de leur gage. La femme ne peut-elle pas invoquer son droit réel sur cet immeuble, si elle n'a point concouru à l'aliénation ou si ce droit n'a pas été purgé ? Il faut répondre affirmativement. Le tiers détenteur ainsi évincé aura, il est vrai, un recours contre la masse à raison de la perte de son bien ; mais s'il pouvait repous-

(1) M. Boistel, *loc. cit.*, n° 1024.

ser la prétention de la femme, celle-ci aurait un droit comme créancière chirographaire sur l'actif de la faillite ; or, il importe peu à la masse que ce soit la femme ou le tiers détenteur qui obtienne un dividende (1).

La jurisprudence est contraire, et son système est suivi par MM. Aubry et Rau, Baudry-Lacantinerie, Massé et Demangeat. L'article 563, peut-on dire en effet, ne distingue pas et refuse de plein droit à la femme un droit d'hypothèque légale sur tous les immeubles autres que ceux qu'il désigne expressément. Nous répondrons que cette désignation expresse est faite seulement en faveur de la masse, et qu'il s'agit ici seulement de l'intérêt d'un tiers détenteur qui pouvait d'ailleurs se mettre à l'abri de l'action de la femme en exigeant son concours à l'acte de vente ou en purgeant son hypothèque légale.

Supposé que, sur le prix d'un immeuble de même nature, la femme seule est créancière hypothécaire ; les syndics s'opposeront avec succès à sa collocation, autrement son hypothèque porterait préjudice à la masse des créanciers ; si elle est créancière antérieure à d'autres créanciers hypothécaires, et si sa collocation doit faire refluer l'hypothèque de ces derniers sur d'autres immeubles, elle ne pourra être admise; la masse en souffrirait égalementdans ce cas, car les créanciers postérieurs à la femme seraient colloqués sur d'autres im-

(1) M. Boistel, *loc. cit.*, n° 1024 et M. Labbé sous Nancy, 27 mai 1865, Sirey, 1866.2.345.

meubles qui autrement, étant restés libres, auraient augmenté l'actif de la masse proprement dite ; — mais, au contraire, s'il n'y a pas d'immeubles hypothéqués autres que celui dont le prix est en distribution, peu importe à cette masse que ce soit la femme ou les créanciers hypothécaires qui soient colloqués ; celle-ci sera en effet, de toute façon, privée du prix qui lui échappe et devra subir le concours chirographaire de celui des créanciers hypothécaires non intégralement désintéressé (MM. Boistel et Labbé, *loc. cit.*) (1). La jurisprudence, ici encore, est contraire. Un jugement du tribunal civil de Nîmes (2) en date du 17 juillet 1867 reconnaît aux créanciers hypothécaires, comme aux créanciers chirographaires, le droit d'invoquer l'article 563 du Code de commerce, « les premiers comme les seconds ayant besoin d'être protégés contre les fraudes collusoires possibles du failli et de sa femme, en vue de faire passer sur la tête de cette dernière l'actif de son mari par des acquisitions d'immeubles, après avoir fait servir à ces acquisitions des emprunts faits aux uns et aux autres des créanciers ». A cette objection, nous répondrons encore que c'est en faveur de la masse seule, non des créanciers hypothécaires, que l'article 563 est édicté (conf. *suprà*).

Que décider au cas où le mari avant la faillite aurait échangé un de ses immeubles restés grevés de l'hypo-

(1) M. Rataud, *Rev. crit.*, 1867, t. 31, p. 2.
(2) Dalloz, 1868. 5. 216.

thèque légale en vertu de l'article 563, contre un autre immeuble? La femme conservera son droit sur l'immeuble acquis en échange, sauf ventilation à établir, si le mari a dû verser une soulte importante mise à sa charge : à concurrence de cette soulte, l'immeuble forme un bien de communauté. Il est vrai qu'en adoptant cette solution, on augmente les garanties de la femme, mais comme on ne nuit point aux intérêts de la masse, il semble que notre article 563 doive être écarté. « La femme, disent à ce sujet MM. Baudry-Lacantinerie et de Loynes dans leur nouveau *Traité de Droit civil* (1), conserve son hypothèque sur l'immeuble cédé en échange par son mari, à moins qu'elle n'y ait renoncé ; elle a en outre, dans la mesure que nous avons déterminée, une hypothèque sur l'immeuble acquis par le mari. Sa situation est donc améliorée, mais elle ne l'est pas au détriment de la masse. Celle-ci est exposée à voir absorber par la créance de la femme le prix de l'immeuble acquis en échange. S'il n'y avait pas eu d'échange, la situation de la masse serait la même. Si, au contraire, la femme est colloquée en tout ou en partie sur le prix de l'immeuble donné en échange, l'échangiste aura une action en résolution ou en dommages-intérêts. Au premier cas, les choses seront remises au même et semblable état que s'il n'y avait pas eu d'échange, la masse n'a pas à se plaindre. Au second cas, l'échangiste pourra demander soit sa collocation par

(1) *Nantiss., priv. et hypoth.*, t. II, n° 1013 *in fine*, p. 115.

préférence sur le prix de l'immeuble acquis en échange par subrogation aux droits de la femme, soit son admission au passif de la faillite, comme la femme l'aurait pu. La masse n'éprouve aucun préjudice, l'application de l'article 563 du Code de commerce n'aurait pas de raison d'être ».

Ce principe que les restrictions prescrites par le Code de commerce sont édictées en faveur de la masse vient dicter la réponse à une question très discutée dans la doctrine :

Le mari a obtenu son concordat et il a été remis à la tête de ses affaires, pourra-t-il invoquer contre sa femme les prescriptions de l'article 563 ? M. Labbé le croit (1). D'après lui, le mari est aux droits de la masse ; le concordat est un mode de liquidation différent de celui qui est pratiqué en cas d'union, mais c'est cependant un mode de liquidation, et le débiteur qui en a été chargé doit avoir les mêmes droits, se trouver dans les mêmes conditions que les syndics au cas d'union. Comment pourra-t-il arriver à désintéresser ses créanciers des dividendes qu'il leur a promis si, le concordat voté, les nullités, les restrictions édictées en faveur de la masse se trouvent anéanties à l'égard du concordataire ?

Il n'est pas exact que les obligations et les droits du concordataire soient les mêmes que ceux des syndics liquidant en état d'union :

Il peut engager de nouvelles opérations commerciales

(1) *Loc. cit.*, note sous Nancy, Sirey, 1866.2.345.

qui lui permettront de trouver de quoi payer ses créanciers ; par suite, au lieu de réaliser son actif, il devra au contraire conserver tout ce qui est nécessaire pour la continuation de son commerce. Si, pendant la période de dessaisissement, il a contracté de nouvelles dettes (et il en aura peut-être contracté, car il n'était pas incapable), il restera tenu de ces charges et les nouveaux créanciers auront action sur ses biens (sauf l'effet de l'hypothèque légale qui aura pu être prise au profit de la masse et qui ne profitera qu'à cette dernière) ; au contraire, en cas d'union, les biens de la faillite n'auraient nullement formé la garantie de ces nouveaux engagements. Sa situation n'est donc pas la même, et comme il ne succède pas aux obligations des syndics, nous sommes en droit de conclure qu'il ne peut pas non plus invoquer à son profit les restrictions de l'article 563.

Nous l'avons vu plus haut, la déchéance qui nous occupe, comme toutes les dispositions résultant des articles 446 et suivants, 550 et 577 du Code de commerce, a été formulée à l'égard de la faillite, à son profit et dans son intérêt, non dans l'intérêt du failli.

On ne saurait d'ailleurs soutenir que par le fait du concordat, le mari est devenu cessionnaire des actions en nullité et restrictions résultant de la déclaration de faillite ; autrement, comme le fait observer M. Rataud, il serait aussi cessionnaire du droit d'invoquer la nullité des engagements pris par lui pendant la période du dessaisissement (1). Il faudrait établir une distinction entre les droits des syndics que le mari failli pourrait invoquer et ceux dont il ne pourrait se prévaloir, ce qui paraît impossible.

Mais si le failli concordataire ne peut invoquer l'article 563, il ne s'ensuit pas que le bénéfice en soit perdu pour les créanciers, ceux-ci ont individuellement succédé aux droits de l'ancienne masse : en effet l'hypothèque légale que les syndics avaient prise au nom de la masse tout entière, subsiste à leur profit individuel. Si un ordre vient à s'ouvrir sur le prix d'un immeuble du failli, immeuble non compris dans l'énumération de notre article, chaque créancier pourra faire écarter la femme qui produirait en invoquant un droit de préférence.

Il n'est donc point besoin, pour conserver à notre article son utilité en cas de concordat, de dire que le mari est le représentant légal, l'ayant cause de l'ancienne masse, que par suite il a le droit de s'en prévaloir dans l'intérêt même de la liquidation dont il se trouve chargé.

Les créanciers sont munis de pouvoirs suffisants pour défendre leurs droits : aux lieu et place de l'ancienne masse représentée par les syndics, ils peuvent requérir contre la femme l'application de l'article 563.

A quelle époque la femme recouvre-t-elle son droit in-

(1) *Loc. cit. Rev. crit.*, t. 31, p. 8.

tégral d'hypothèque légale sur tous les biens qu'en affranchit l'article 563?

M. Demangeat (1) pense que ce n'est qu'après la réhabilitation du mari. L'état de faillite d'après lui n'est purgé que par la réhabilitation. En outre, cette solution serait bien d'accord avec l'intention du législateur, le failli pouvant employer le prix des immeubles achetés depuis le mariage à l'acquit des sommes dont le concordat lui a fait remise, arrivera plus facilement à remplir les conditions qu'il a acceptées. On pourrait peut-être ajouter ce motif qu'il n'est pas équitable de voir la femme exercer son hypothèque avant d'avoir, en tant qu'il est en son pouvoir, aidé à réparer les conséquences d'un désastre dont elle aura pu être la cause avec son conjoint. Un arrêt de la Cour suprême a sanctionné cette solution (2).

Il paraîtrait toutefois que la femme doit recouvrer son droit quand tous les créanciers de la faillite ont reçu ce qui leur avait été promis (3), autrement, le mari pourrait se prévaloir de l'article 563, ce qui est impossible, nous l'avons vu plus haut ; en effet, les créanciers de la faillite n'auraient plus cette faculté puisque, payés de leurs dividendes, leur action serait éteinte. En outre, la réhabilitation, si elle doit être encouragée pour l'honneur même du failli concordataire, celui-ci a le droit de le

(1) *Loc. cit.* T. 5, p. 567, note 2.
(2) Cass., 1er décembre 1858, Sirey, 1859.1.113.
(3) Massé, t. 2, n° 1350.

demander, mais il n'y est point obligé; c'est une faculté, non un devoir, au sens absolu et légal du mot. Nous n'insistons pas cependant sur ce dernier argument: il est moral en effet d'encourager les demandes en réhabilitation.

Il n'est pas douteux que l'article 563 ne saurait atteindre des droits acquis.

Ainsi, une femme a demandé sa séparation de biens et elle a obtenu sur le prix d'un conquêt une collocation définitive; le mari postérieurement est mis en faillite, elle ne saurait être obligée au rapport du montant de la somme à elle allouée.

La question serait plus douteuse si le prix du conquêt n'était pas encore en distribution, et si le droit de la femme n'avait point produit son entier effet; on devrait décider que le prix, resté aux mains de l'acquéreur ou déposé à la caisse des consignations, étant la représentation de l'immeuble vendu, la femme ne conserve sur lui aucun droit de préférence.

La femme du failli, ainsi privée de son droit, ne pourrait par des moyens détournés reprendre une garantie que le Code de commerce lui a enlevée.

C'est ainsi que l'hypothèque judiciaire résultant d'un jugement homologuant la liquidation de ses reprises, faite après la séparation de biens, mais avant la déclaration de faillite, ne saurait être opposable à la masse, en tant qu'elle porterait sur les biens affranchis de son hypothèque légale. « Il y a, dit à ce sujet M. Massé, une incompatibilité absolue entre ce droit et la restriction que la loi fait subir à l'hypothèque légale, surtout quand on se met en présence des motifs qui ont déterminé les modifications si remarquables que le Code de commerce apporte en cette matière aux droits des femmes (1) ».

Si la femme avait cédé son hypothèque légale à un tiers, celui-ci pourrait-il l'invoquer en tant qu'elle grèverait un conquêt, supposé que le mari fût en faillite?

L'affirmative semble être admise en jurisprudence. Nous trouvons sur cette question un arrêt de la Cour de Colmar (2) qu'il paraît intéressant de rapporter.

Un ordre est ouvert sur un immeuble conquêt à la suite de la faillite d'un sieur Stœkel, ancien notaire; Delabrousse, créancier subrogé à l'hypothèque légale de la dame Stœkel née Scholler, demande à être colloqué en sa qualité de subrogé.

Le Tribunal de Colmar maintient la collocation qui avait été accordée à Delabrousse et la Cour confirme ce jugement.

Et dans les considérants, il n'est nullement tenu compte de ce fait que l'immeuble dont le prix se trouvait en distribution était un conquêt.

Serait-ce donc que le droit d'hypothèque légale de la femme est toujours maintenu quand il est exercé par un

(1) *Loc. cit.*, n° 1347. *Sic* M. Lainné, p. 452. *Contrà*, Cubain, *loc. cit.* n° 626.

(2) 20 novembre 1855, Sirey, 1856. 2. 580.

tiers cessionnaire? Ce serait la conclusion logique de notre arrêt.

Cependant cette solution ne semble point à l'abri de toute critique.

MM. Baudry-Lacantinerie et de Loynes déclarent, dans le traité du *Nant.*, *Priv. et Hyp.* (t. II, p. 111, n° 1011), qu'il existe un cas où les subrogés jouissent de facultés plus étendues que la femme : c'est lorsque le mari est en état de faillite, de liquidation judiciaire ou de déconfiture ; et ils ajoutent : « Il faudra bien entendu tenir compte des dispositions du Code de commerce qui limitent l'étendue de l'hypothèque légale de la femme, etc. ».

Cette dernière remarque paraît juste ; que le créancier ait eu la collocation sur le prix, supposé qu'il eût été créancier inscrit sur l'immeuble de son chef, cela se serait compris, mais qu'il ait pu l'obtenir comme subrogé à une hypothèque légale que la loi déniait formellement sur l'immeuble vendu, cela est plus difficile à expliquer et on ne peut approuver une pareille décision.

SECTION II. — **Restriction résultant de la loi de 1807.**

La loi accorde au Trésor sur les immeubles des comptables deux garanties :

Une hypothèque légale sur tous les immeubles de ces comptables ;

Et un privilège sur les immeubles acquis à titre onéreux depuis leur nomination : cette dernière seule doit faire l'objet de cette étude, en tant qu'elle atteint l'hypothèque de la femme.

La loi du 5 septembre 1807 n'enlève pas à la femme son droit d'hypothèque légale sur les biens communs comme le fait l'article 563 du Code de commerce. Mais elle établit au profit du Trésor public un privilège qui frappe les immeubles acquis à titre onéreux par le comptable et par son épouse : son examen trouve donc sa place dans notre étude, puisque son application restreint par le fait même le droit de la femme en reculant son droit d'hypothèque sur les immeubles de la communauté.

Les articles 4 et 5 de la loi du 5 septembre 1807 sont ainsi conçus :

« Art. 4. — Le privilège du Trésor public a lieu :

« 1° Sur les immeubles acquis à titre onéreux par les comptables postérieurement à leur nomination ;

« 2° Sur ceux acquis au même titre, et depuis cette nomination, par leurs femmes même séparées de biens. Sont exceptées néanmoins les acquisitions à titre onéreux faites par les femmes, lorsqu'il sera légalement justifié que les deniers employés à l'acquisition leur appartenaient.

« Art. 5. — Le privilège du Trésor public mentionné en l'article 4 ci-dessus a lieu conformément aux articles 2106 et 2113 du Code civil, à la charge d'une inscription qui doit être faite dans les deux mois de l'enregistrement de l'acte translatif de propriété. En aucun cas il ne peut préjudicier, 1° aux créanciers privilégiés définis dans l'article 2103 du Code civil, lorsqu'ils ont rempli les conditions prescrites pour obtenir privilège ; 2° aux créanciers désignés aux articles 2101, 2104 et 2105 du Code civil, dans le cas prévu par le dernier de ces articles ; 3° aux créanciers du précédent propriétaire qui auraient, sur le bien acquis, des hypothèques légales, existantes indépendamment de l'inscription de toute autre hypothèque valablement inscrite ».

Ces textes établissant un privilège sur les biens acquis pendant le mariage, il faut en conclure que le Trésor, dans l'ordre ayant pour objet la distribution du prix d'un de ces biens, aurait un rang antérieur à la femme, bien que la créance de celle-ci fût, d'après l'article 2135, plus ancienne en date que celle du Trésor, et qu'elle remontât même avant l'entrée en fonctions du comptable. — Telle est la portée des textes.

Il importe d'étudier sur quels immeubles existe le privilège et sous quelles conditions il peut être exercé.

C'est seulement sur les immeubles acquis à titre onéreux depuis l'entrée en fonctions du comptable, ou plutôt depuis sa nomination, que frapperait le droit du Trésor public. Le privilège étant édicté par le motif que les biens ont été acquis peut-être au moyen des deniers de l'État, la présomption de fraude ne saurait exister au sujet des immeubles acquis avant la nomination du mari.

Peu importerait que le prix d'un immeuble ne fût pas payé ; si l'acquisition était antérieure à la nomination, il ne serait pas frappé du privilège. Il est vrai qu'on pourrait craindre dans ce cas que le paiement ne soit fait avec des deniers de l'État, mais le texte ne parle que des immeubles *acquis* après la nomination, et, en matière de privilège, tout est de droit strict; à cette raison, on peut ajouter que la présomption qui sert de base au privilège est moins puissante pour les acquisitions qui remontent à une époque antérieure à la nomination du comptable (1).

La doctrine est unanime pour adopter cette opinion.

Si la femme, même séparée de biens, fait des acquisitions d'immeubles à son nom, à titre onéreux, ils seront présumés payés avec des deniers de l'État et, comme tels, soumis au gage et au privilège de ce dernier, sauf s'il est légalement justifié que les deniers employés à l'acquisition appartenaient à l'acquéreur.

La femme aurait le droit de prouver la fraude qui aurait pour objet de dissimuler, sous la forme d'une vente à titre onéreux, la donation d'un immeuble faite à son mari ; elle pourrait y avoir un avantage, sur l'immeuble donné au mari, en effet, l'État a une hypothèque légale, non un privilège.

Le privilège de l'État ne s'applique pas aux immeubles achetés avant la nomination du comptable, cela

(1) Aubry et Rau, *loc. cit.*, t. 3, n° 263 *bis*, note 22.

résulte implicitement de ce que nous avons dit au sujet de l'immeuble non payé à cette époque.

Ce privilège doit être inscrit dans les deux mois de l'acquisition de l'immeuble, sous peine de dégénérer en une hypothèque légale (art. 5 et 7 de la loi précitée).

Il grève les immeubles de tous les comptables ayant le maniement des deniers *de l'Etat,* non des comptables des communes, des départements ou des établissements publics.

La femme d'un percepteur serait-elle exposée à ce privilège ? La question a fait doute longtemps.

On assimilait les percepteurs aux préposés du receveur particulier des finances ; ils ne sont pas justiciables de la Cour des comptes ; en fait, ils ne rendent pas compte directement au Trésor ; et ils ne sont point compris dans l'énumération de l'article 7 de la loi du 5 septembre 1807.

Un arrêt de la Cour de Nancy du 8 mars 1884 (1) a fait justice de cette théorie.

Bien qu'ils rendent compte non au Trésor mais aux receveurs de finances, les percepteurs ne sont point cependant les simples préposés de ces derniers qui ne les nomment ni ne les révoquent. Ils sont autre chose que de « simples collecteurs d'impôts », puisqu'ils paient notamment les arrérages de rentes, les traitements de divers fonctionnaires, les pensions de retraites, et qu'ils ont à ce titre le maniement des deniers publics.

(1) Dalloz, 1886. 2. 9.

Qu'ils ne soient pas compris dans l'énumération de l'article 7 de la loi de 1807, cela prouverait tout au plus qu'ils ne sont point astreints à déclarer leurs titres et qualités dans les actes translatifs de propriété qu'ils peuvent passer, prescription édictée pour faciliter l'exécution du privilège (1).

Les lois, décrets et instructions administratives, parus depuis la loi de 1807, leur ont reconnu implicitement la qualité de comptables : cet argument paraît péremptoire.

Nous n'avons pas à insister davantage sur cette loi ; elle n'a point pour objet direct de diminuer les garanties de la femme, mais en fait, comme le privilège qu'elle a établi frappe précisément les biens qu'atteint l'hypothèque légale de l'épouse, et qui ont fait l'objet de cette étude, nous aurions encouru le reproche d'être incomplet si nous ne l'avions mentionnée au moins en termes succincts.

(1) *Sic* : Baudry-Lacantinerie et de Loynes, *loc. cit.*, I, n° 666, p. 507.

Vu :
Le Président de la thèse,
A. BOISTEL.

Vu :
Le Doyen,
COLMET DE SANTERRE.

Vu et permis d'imprimer :
Le Vice-Recteur de l'Académie de Paris,
GRÉARD.

TABLE DES MATIÈRES

Imp. G. Saint-Aubin et Thevenot. — J. THEVENOT, Successeur, Saint-Dizier.

Imp. G. Saint-Aubin et Thevenot. — J. Thevenot, Saint-Dizier successeur, (Hte-Marne).

www.ingramcontent.com/pod-product-compliance
Ingram Content Group UK Ltd.
Pitfield, Milton Keynes, MK11 3LW, UK
UKHW012039240726
13965UKWH00003B/910

9 782013 081399